刘红 ◎ 著

职业教育"人字梯型"教学模式

西南交通大学出版社
·成都·

图书在版编目（CIP）数据

职业教育"人字梯型"教学模式 / 刘红著. —成都：西南交通大学出版社，2023.5
ISBN 978-7-5643-9289-5

Ⅰ.①职… Ⅱ.①刘… Ⅲ.①职业教育－教学模式－研究－云阳县 Ⅳ.①G719.2

中国国家版本馆 CIP 数据核字（2023）第 085796 号

Zhiye Jiaoyu "Renziti Xing" Jiaoxue Moshi
职业教育"人字梯型"教学模式
刘　红　著

责 任 编 辑	罗爱林
封 面 设 计	原谋书装
出 版 发 行	西南交通大学出版社 （四川省成都市金牛区二环路北一段 111 号 西南交通大学创新大厦 21 楼）
发行部电话	028-87600564　028-87600533
邮 政 编 码	610031
网　　　址	http://www.xnjdcbs.com
印　　　刷	成都蜀通印务有限责任公司
成 品 尺 寸	170 mm×230 mm
印　　　张	13
字　　　数	192 千
版　　　次	2023 年 5 月第 1 版
印　　　次	2023 年 5 月第 1 次
书　　　号	ISBN 978-7-5643-9289-5
定　　　价	68.00 元

图书如有印装质量问题　本社负责退换
版权所有　盗版必究　举报电话：028-87600562

序一

云阳职教中心组织开展教学模式研究与实践，形成了"人字梯型"教学模式，具有一定价值。云阳职教中心地处三峡工程重庆库区的云阳县，云阳县有三峡梯城的美称，位于城市中央的"世界最长的城市人字梯"是梯城的重要标志。因此，云阳职教中心的教学模式以"人字梯型"而名，具有本土地域特色。

但是，"人字梯型"教学模式的内涵却绝不是一个地域特色所能诠释的。它的重要意义在于，教学的主旨是因人、为人，而方法是搭建阶梯。在教学中，教师必须做到心中有人、眼中有人，一切教学活动都要聚焦到人、围绕着人。教学的发起、推进和结束过程中，教师的作用在于为学生搭建阶梯，鼓励学生、推动学生、守护学生一步一步向上攀登。教学的效果在于"步步高"，包含了思政教学的成效，学生的理想、信念、人生愿景、价值观"步步高"；知识教学的成效，科学文化知识、专业知识日积月累，与日广博、与日翻新、与日深悟"步步高"；技能教学的成效，新产业、新职业、新工艺、新技术、新方法不断训练、不断娴熟、不断精进"步步高"。在此过程中，教与学不是分离的两个主体行为，而是合一的一个主体群的共同行为。其中，教师扮演着设计、搭建阶梯的角色，学生扮演着订制、使用、攀梯的角色，并且教师与学生相互激励，相携攀登，实现教学相融、相生、相长。

云阳职教中心是敢于、善于攀梯的学校，虽然地处三峡工程重庆库区，但一直抱有成为全国中职名校的志向和行动，走过了国家中职示范校、重庆市高水平中职学校的发展道路，又朝着重庆市和国家优质中职学校的愿景前行。虽然，一路足迹并非直线，但总是向前。足迹的螺旋状代表了学校领导和教师的执着、求是精神。这样的学校，怎能不在历史上留下宝贵的精神财富？今时之"人字梯型"教学模式，算是其一。

"模式"是能够使人照着去做的标准样式。它是有"式"的，并且是"标准"的，是能够使人照着去做的。本书所展示的，只是理论研究的部分成果，包括基本概念、理论基础、模式建构、模式操作和实施条件等。后续，还将展示实践应用的成果和成效。相信本书不仅对云阳职教中心后续的教学模式改革起到"启程、续程"的作用，对其他职业院校也能起到"启示、影响"的作用。

教学需有"式"，但不可拘泥于"式"，同样的"式"在不同的人身上会有不同的使用价值，附加的、穿戴式的"式"其效微弱。要实现"式"之强效、显效，须实现"具身化"，即人之教学行为就是标准的"式"。"式"是活的，而不是死的。"人字梯型"教学模式强调人的核心地位和价值，也就是强调教学模式的人性及人的活性。

　　教师和学生对于教学方法的运用也有一个过程，初期可能有形无神，可以理解，但不可停滞太久。之后可能有形有神，但不可到此止步，应当努力实现无形有神。"形"者"行之式"也，"神"者"行之效"也。我们要坚持"以效为要"的教学改革理念。

　　愿职业教育教学模式改革的沃土和花园里百花盛开，实践之树长青。

谭绍华

2022 年 5 月 17 日

序二

打开书卷，随处可见"变革""转型""调整""变迁""演进""架构"，说明世界正在以前所未有的速度变化。实际上，物联网、云计算、人工智能、区块链、元宇宙等概念进入社会的各个领域，彻底改变了人的生活模式和社会的生产模式，尤其当今世界正经历百年未有之大变局，特别是新冠疫情持续的3年，我们习以为常的事情开始发生变化，新的行为习惯和生活方式开始建立。在经济发展上也是如此，我国在国内外环境变化的交织下，经济发展的驱动力和模式发生了极大的改变，特别是"双循环"战略提出以来，转型发展的迫切性得到了前所未有的提升。

在经济转型发展的当口，大家都把目光转向教育，其中占人口基数极大的职业教育的内涵的建设问题，引起了全社会的关注。尤其是在"职普相当"的政策之下，职业教育的育人质量遭到质疑，其结果就是民众对职业教育的抵制，直接表现为家长在自身内心又架起了一座除高考"独木桥"之外的中考"独木桥"。除此之外，为孩子谋求上普通高中的各种新闻随处可见，与国家对职业教育的一系列政策利好形成了鲜明的对比，考验着职业教育从业者的能力。对此，职业教育出台了一系列政策，"提质培优""高质量发展""评价改革"等词汇引领着我们的工作。尽管我们深知，改变对职业教育的认知不全在职业教育本身，但全面优化职业教育的教学已经不能有任何迟疑，只有提高质量，才能深化内涵，才能进一步建立质量品牌，完成整个社会崇尚技能的文化形成，落实"技能型"社会的建构。

而质量的基因，却藏在课堂教学中。从课堂层面审视职业教育，可以发现几个问题：一是依托学科化教学，将职业教育等同于普通教育，始终没有办法摆脱学科化教学的逻辑，与职业教育相对低的学科认知能力不配套，课堂对学习者而言"无趣"甚至失效。二是缺乏长远思维和终极关怀，将教学等同于培训，将职业教育等同于社会的暂时需求，过于追求与企业需求的对接，有的订单班甚至是针对特定的企业需求。一旦企业缺乏持续成长，或者没有完成企业的选拔，学习者所学的技能则难以迁移到其他岗位。三是职业教育课堂忽视了终身发展和个性张力发挥，教学体系成为一个标准化制约的统一、封闭、机械的课堂，按照严格的统一步调、规范进程、规划发展的方式推进。四是增值理念表达不充分。职业教育教学评价关注学习者标准的达到，缺乏增值评价的意识，按照社会逻辑、企业逻辑和专业标准、课程标准对教学进行评价，忽视学习者在学习过程中得到的成长。

这些问题产生的根本原因是缺乏系统的职业教育教学理论建设，更没有将职业教育教学模式进行深入的总结和提炼，尤其缺乏从区域、样本院校产生的职业教育教学模式变革的实践案例，难以推动职业教育教学理论的完善。

"人字梯型"教学模式是学校推进课堂改革的一个抓手，也可以说是学校探索具有本土特色、重庆气质、中国基因的教学模式的一个缩影，是建校多年以来从萌芽到发展，并逐渐固化的清晰画卷。其起源于邀请姜伯成教授、谭绍华教授、林克松副教授等来校指导工作时对教学工作的概括，并为学校教学工作的经验内涵深化。其符号、标识，或者形象化的直接来源就是云阳"人字梯"。云阳是重庆典型的"山城"，这里的"人字梯"不仅是沟通山上山下的通道，而且是云阳的一张炫目"名片"。

云阳地处重庆东北部、三峡库区腹心。三峡的地形地貌起源于远古时期，当时的造山运动将西南地区的地貌塑造成峡谷沟壑样态，在江水下切和地壳运动的双重作用下，形成了大量弯弯曲曲、迂回蜿蜒的峡谷，以及直插云端、陡峭难行的山坡，鲜有平坝。在这样的地理条件下，人们只能临江靠山选择小平台居住，城镇依山而建，乡村散落山野。人们在与江河斗激流险滩、洪水灾患，与山崖斗悬崖峭壁、滚石滑坡的过程中，逐渐形成了三峡人不屈不挠、灵巧机智、坚毅顽强的品格。在数千年与大自然的抗争中，"石梯"应势而生，成为三峡地区不可缺少的特有地标符号。

云阳就是这样一个缩影。在重庆城区东北部长江边的云阳县，被誉为"三峡梯城"。因为云阳有一条"世界最长城市人字梯"，名为登云梯，梯道长度近1400米，垂直高度落差超过200米，形似人字，寓意"以人为本，勇攀高峰"，共有台阶1975级、60层叠、万步云梯，蔚为壮观，获得了《世界之最证书》，全国独一无二。云阳"人字梯"紧邻长江，因此也被称为"万里长江第一梯"，成为长江旅游带的著名地标，连接起了云阳的山、水、林、寺，建构了云阳风土人情中独有的文化符号。

教育也在不断吸取"人字梯"的养分。在"人字梯"的滋养下，云阳职教中心思考将其蕴含的不屈不挠的精神注入课堂，并在多种理论之下和实践之上，形成"人字梯"的丰富文化内涵和文化品质，试图提炼出云阳职教中心的"实然"教学模式的模型。从外观造型来说，"人字梯"的左右主支撑架与地面构成一个等腰三角形增加了其稳定性，顶部用活页连接增加了其灵活性。出于安全考虑，使用"人字梯"的过程中要求同伴作业，至少两人在场，一人使用，另一人在下面扶持。职业教育教学过程中，"人字梯型"能体现要素双方的互相支撑和互相影响。教学过程中，随着学生学情的不同灵活变动，教师作为组织者、引导者搭建层次性递增的知识之梯，学生的学习效果由教师和学生双方决定。

"人字梯型"教学模式以调动和统筹教学过程中一切积极要素为出发点，更加关注教师和学生、教师和企业师傅、学生和企业师傅、学校和企业、专业知识和通识知识、线上和线下之间的双向促进、互相补充，能够打造更加充满生机的职业教育教学生态，更好地培养学生终身学习的能力。"人字梯型"是建立在支架式教学理论、产教融合思想、人的全面发展理念等之上的整体架构，具有独特的操作模式和工作程序，蕴含了校企合作开展人才培养、专业与通识的双向并进塑造人才品质、教师与学生互动实现个性化支持等云阳职教中心教学变革的理念。

本书分为5章，包括"人字梯型"教学模式概论、"人字梯型"教学模式的理论基础、"人字梯型"教学模式的模型构建、"人字梯型"教学模式的操作模式、"人字梯型"教学模式的支撑条件。本书由云阳职教中心校长刘红主持撰写，拟定了书名、目录和核心思想，并对本书进行全面把关。屠明将带领云阳职教中心团队完成了第一章初稿的撰写，邓华带领云阳职教中心团队完成了第二章初稿的撰写，李同同带领云阳职教中心团队完成了第三章初稿的撰写，李少兰带领云阳职教中心团队完成了第四章初稿的撰写，唐亚南带领云阳职教中心团队完成了第五章初稿的撰写。云阳职教中心其他参与老师如下：陈正勇、刘华参与撰写了第一章，薛爱科、薛琳之参与撰写了第二章，邬月野、冯玻参与撰写了第三章，唐咏梅、龚俭参与撰写了第四章，户月青、刘金红参与撰写了第五章。另外，重庆市开州区巨龙中等职业技术学校也积极参与了本书的撰写。

本书是学校教学改革的现实照观，书稿完成之际，在倍感欣喜之余，也深知限于笔者水平，难免存在不足之处。特邀请发现相关问题的专家来校或来函对相关问题进行指导，以助力云阳职教中心发展，为职业教育理论和实践的进一步探索提供切实帮助。

吴南中
2022年5月17日

目录

001	**第一章　"人字梯型"教学模式概论**
002	一、问题提出
016	二、核心概念
049	三、历史演进
063	**第二章　"人字梯型"教学模式的理论基础**
064	一、支架式教学理论
071	二、社会认知理论
075	三、产教融合理念
078	四、终身学习理念
081	五、自我导向学习理论
084	六、人的全面发展理念
089	**第三章　"人字梯型"教学模式的模型构建**
090	一、"人字梯型"教学模式的目标
094	二、"人字梯型"教学模式的原则
100	三、"人字梯型"教学模式的核心要素
114	四、"人字梯型"教学模式关系建构

117	**第四章 "人字梯型"教学模式的操作模式**
118	一、"人字梯型"教学模式的设计
129	二、"人字梯型"教学模式的实施
147	三、"人字梯型"教学模式的评价
155	**第五章 "人字梯型"教学模式的支撑条件**
156	一、教学能力
171	二、教学资源
178	三、信息系统
183	附录 "人字梯型"教学实施主要参考模板
193	参考文献

第一章

"人字梯型"教学模式概论

一、问题提出

位于云阳县的重庆市云阳职教中心（简称"云阳职教中心"）于2003年经云阳县人民政府批准设立，是全国重点中等职业学校（简称"中职学校"）、全国改革发展示范中职学校、重庆市高水平中职学校。在"依法治校，和谐兴校，特色立校，品牌强校"的治校方略和"德能并举·立身立业"的校训统领下，学校始终谋求立于地方、为了地方，在地化发展，根植于地方特色，以学校发展服务区域社会经济发展。教学模式改革作为职业教育"三教"改革的重点内容，既是形成学校品牌特色以带动学校整体发展的重要动力，也是提高办学质量以辐射区域发展的可循路径。

（一）区位经济社会发展的地域优势奠基

1. "石梯"是三峡地区特有的地标符号

在远古威力无比的造山运动中，三峡地区原来沉积在海洋底部厚层的岩石被挤压得弯弯曲曲，加之河水长年累月的流淌冲刷和侵蚀，河床不断下切，逐渐形成了峡谷沟壑地貌。随着地壳运动的进一步发展，山脉抬升，江水下切，在流水和构造的双重作用下，高山峡谷逐渐形成，于是出现了大量弯弯曲曲、迂回蜿蜒的峡谷，以及直插云端、陡峭难行的山坡，鲜有平坝。在这样的地理条件下，人类只能临江靠山选择小平台居住，城镇依山而建，乡村散落山野。在与江河斗激流险滩、洪水灾患，与山崖斗悬崖峭壁、滚石滑坡的过程中，逐渐形成了三峡人坚毅顽强、不屈不挠、灵巧机智、团结协作的品格。在数千年与大自然的抗争中，"石梯"应势而生，成为三峡地区不可缺少的特有地标符号。

"石梯"，取材三峡地区原石，由人工斧凿成形，顺山势而建，步步上升，上下互相依托，下达江河之滨，上达高山之巅，纵横交错，直至家家户户。

"石梯"充分体现了人类智慧。就地取材，经久不坏，成本低廉；化陡坡为平台，降低了行走难度；化崎岖为阶梯，确保了出行平安；层层依托，步步提升，确保了稳固；以脚长为宽度，以腿自然抬升幅度为每阶高度，体现了以人为本；人工斧凿，规整有序，匠心凝聚，既防滑省力，又美观耐久。"石梯"是人类顺应自然、利用自然、改造自然、战胜自然的创举，是三峡地区人民坚毅顽强、不屈不挠、灵巧机智、团结协作精神的集中体现。

云阳职教中心隶属云阳县，云阳县位于三峡地区腹心，有2300余年建县历史。在云阳3636平方千米的土地上，可谓村村有石梯、家家通石梯，青石梯、砂石梯、条石梯、片石梯，各种各样。毫不夸张地说，云阳人个个生活在石梯间，天天行走在石梯上。

云阳因盐而兴，是中国井盐文化的重要发祥地，有2000多年的产盐史，始于汉高祖时期，闻名于唐宋，鼎盛于明清。汉高祖元年（公元前206年），扶嘉在云安凿井取卤制盐，开井盐文化之先河。汉武帝元封元年（公元前110年），始设盐官。唐德宗贞元元年（公元785年），在云安盐场设云安监。唐宋以来，云阳一直是全国重要产盐地之一，因盐质量上乘，在唐代被列为贡品，清康熙中期也有"川盐上品"的美誉。咸丰初年"川盐济楚"，井盐远销湖北、湖南，盐业达到顶峰。现探明岩盐储量6.7亿吨，拥有国内最深水平对接井卤井，原盐生产能力达2400吨/天。"天一井""晶心"系列优质盐畅销国内外。云阳盐在数千年时间里，被三峡挑夫通过弯弯曲曲的石梯组成的"盐大路"送出三峡地区，运到了全国各地。于是，"云阳盐""盐大路"成为云阳的历史文化符号，成为云阳人精神的一部分，影响了无数代云阳人。

今天的云阳有著名的"登云梯"。它位于4A级景区——云阳县城的中央，是吉尼斯世界纪录认证的"世界最长城市人字梯"。云阳也因此被称为"三峡梯城"。"登云梯"是三峡梯城景区的灵魂所在，也是云阳人不畏艰险、奋勇向上精神的最好体现。梯道下起长江之滨的滨江大道，止于山顶的磐石城下，全长1450米，宽30米，共1999级，垂直高差达到了270米，建设耗时10年，所用石材全是三峡库区特有的青花石料，由本地传统工匠全手工精心雕砌而成。"登云梯"呈巨大的"人"字形结构，下面的青龙梯和飞凤梯分为两道起于滨江大道，恰如"人"字的一撇一捺；

青龙梯和飞凤梯两梯在群益广场汇合，之后汇集成一梯向着山顶爬升，直达磐石城下。登云梯脚踏长江，头顶蓝天，气势磅礴。往下看，长江宽阔静谧，绿波微漾；往上看，磐石城高高耸立，直插云霄。因此，"登云梯"被誉为"万里长江第一梯"。

2. "登云梯"的精神体现

"登云梯"是因三峡移民搬迁而建的，凝聚了著名的三峡移民精神，即顾全大局的爱国精神、舍己为公的奉献精神、万众一心的协作精神、艰苦创业的拼搏精神。每年的9月28日，这里都会举行"国际登梯邀请赛"和"摩托车城市登梯竞技赛"等大型赛事活动。届时登云梯就成了欢乐的海洋，来自世界各地的攀登高手和游客朋友齐聚于此，大显身手，奋勇登高。这也让"登云梯"成为移民新城蜚声国际的城市名片。"登云梯"不仅是云阳的地理标志，更是云阳人的精神丰碑。

云阳职教中心位于"登云梯"旁，常年浸润在"登云梯"的精神文化之中，学校本身也是梯道林立。走进学校大门，即是两道高高的标志性石梯，是师生每天行走的主要通道。校内梯步密布，师生常年行走其间。逢年过节，举家登梯；清晨傍晚，健步石梯；日常生活，漫步石梯。这是云阳人的生活，也是云阳职教人的生活。"石梯"已成为云阳的文化，成为云阳人生活的一部分，成为云阳人灵魂的依托，也成为云阳职教中心全体师生的精神依托。

"石梯"，体现了5种人文精神：一是不屈不挠的奋进精神。它不畏艰难险阻，不惧高山深壑，一直向上，直达目的。二是相互依存的团队精神。它层层抬升，上下互为依托，共力共生，千石万石成就一梯。三是步步提升的灵巧精神。它化陡峭为平台，将巨大高差分解为细小梯步，降低高度，分解难度，就地取材，降低成本，既具匠心，更具智慧。四是顺势而为的利世精神。它依山就势，顺势蜿蜒，在"路程长短"与"艰难陡峭"之间平衡，在尊重自然与战胜自然之间进取，不妥协，不放弃。五是坚毅顽强的奉献精神。它任斧劈、錾凿，任千人踩、万人踏，甘做垫脚石，牺牲了自己，成就了他人。

"人"字,体现了多种民族精神。第一,人字只有两画,一撇一捺,可以理解为一撇是长处、优点,一捺是短处、缺点。它告诉我们:金无足赤人无完人,每个人都是长短处、优缺点共存的个体,我们应该正视和接纳,体现了包容精神。第二,一撇代表品格、德行,一捺代表学识、能力。它告诉我们:一个真正的人应该是"德"和"能"的完美统一,有德才能成人,无德之人难成才,体现了尚德精神。第三,人字上部合并成一体,下部分开成两条。它告诉我们:人生之路有很多岔道,只要坚持向上,一定会通向成功,体现了尚上精神。第四,人字一撇一捺相互扶持,相互支撑,交流融通,体现了团队精神。

"登云梯"是"人"字造型的"石梯",一撇一捺互相支撑,顺势而上,最终归一,兼具了"石梯"的人文精神和"人"字的民族精神,是极具中华民族优秀传统文化特性的形神兼备的典型符号,既是三峡地区景观的典范,也是三峡地区人民精神的丰碑。

"登云梯"基本模型与精神体现如表1-1所示。

表1-1 "登云梯"(人字梯型)基本模型与精神体现

结构	图例	结构	体现精神
云顶广场		云顶广场	三峡移民精神:顾全大局的爱国精神,舍己为公的奉献精神,万众一心的协作精神,艰苦创业的拼搏精神
登云梯		登云梯	"石梯"精神:不屈不挠的奋进精神,相互依存的团队精神,步步提升的灵巧精神,顺势而为的利世精神,坚毅顽强的奉献精神
青龙梯		飞凤梯	"人"字精神:长短共存的包容精神,德能并举的尚德精神,坚持向上的尚上精神,互相支撑的团队精神
长江		长江	

3. 区位优势促进职业教育发展

立德树人是教育的根本任务,培养能工巧匠、大国工匠是职业教育的重要任务。要完成这些任务,职业教育的师生需要有4种精神:一是坚持不懈的奋进精神。不能因一时的失败受挫而气馁,不能因某个方面的"不行"而丧失前进的动力和信心,不能因眼前的"弱势"而放弃美好的明天。二是相互协作的团队精神。需要师生之间、教师之间、学生之间取长补短,小组合作,团队协作,共生共长。三是层层提升的灵巧精神。不能急功近利,好高骛远,需要整体规划,分步实施,层层递进,由低到高,由难到易,积少成多。四是因势利导的利世(利他)精神。不能盲目蛮干、强人所难,要因材施教、因专业施教、因需求育人,激发特长。

第一,云阳县具有独特的区位优势,是新时代西部大开发、共建"一带一路"和长江经济带发展、成渝地区双城经济圈建设、"一区两群"协调发展和"万开云"(万州、开州、云阳三个渝东南城市)同城化等重大战略的汇聚地之一,是长江经济带和成渝地区双城经济圈重要节点,"三横一纵两循环"高速路网和"一高一普两货三环"铁路路网正加快形成,是三峡库区综合交通副枢纽和成渝地区双城经济圈东向开放桥头堡。云阳县正向着"千亿工业引领的现代产业集聚地、科技创新承接地、公园城市标杆地、城乡融合发展先行地、生态优先绿色发展示范地和三峡城市核心区重要支撑"的"五地一支撑"目标迈进。

第二,云阳县具有独特的地域文化。云阳县素有"三峡梯城"之称,是重庆唯一的4A级旅游景区城市。县内辖有"万里长江第一梯"——登云梯,是世界城市最长人字梯。2009年,云阳登云梯成功申办"世界最长的城市人字梯"。从外形构造来看,登云梯共有1999步,梯道长1450米,宽30米,垂直高差达200多米[①],形成了独特的"人"字造型,体现了云阳县"以人为本,勇攀高峰"的地域精神;从修建历史来看,登云梯的修建工程自1999年起,至2009年全部竣工,所用石材全部选用三峡库区特有的青花石料,由当地传统工匠全手工精心雕砌而成,凝聚了深厚的大

---

① 云阳县人民政府网. 云阳简介[EB/OL]. http://www.yunyang.gov.cn/zjyy_257/yyjj/201912/t20191216_1470392.html.

国工匠精神。同时,作为"千年盐都",云阳县还积淀了特色的"盐都文化",赋予了云阳儿女勤劳坚韧、自强不息、尚志崇文、开放包容的精神特质,成为人文荟萃之地。

第三,云阳是著名的文藻胜地。东周赧王元年(公元前314年),始置朐忍县,至今已有 2300 多年建县史,是长江上游最早设置的县级行政区之一。千年张飞庙依山取势、气象巍峨,珍藏着汉唐以来大量碑刻字画,名家圣手,流派纷呈,各领风骚,被誉为"巴蜀胜景、文藻胜地"。抗元遗址磐石城素有"夔门砥柱、川东屏障"之称。杜甫、王维、苏轼、黄庭坚等唐宋名家在此留下不朽诗篇。唐末辛寅逊写下中国第一首楹联——新年纳余庆,嘉节号长春。孕育了唐代"巴渝第一状元"李远、清朝爱国将领程德全、清末书法名家彭聚星等历史文化名人。境内文物古迹数量居三峡库区前列,145 处古建筑、古遗址、石刻造像等列入《全国文物分布图》,出土的东汉景云碑现为重庆中国三峡博物馆镇馆之宝。云阳也是解放战争时期下川东游击纵队主要活动阵地,革命烈士江竹筠(江姐)、彭咏梧曾在此播撒革命星火。

第四,云阳是库区生态明珠。自然生态优美,全县森林面积 2109.33 平方千米,森林覆盖率 58.5%,长江两岸森林覆盖率 75%,空气质量优良天数长期保持在 95%以上,"一江四河"水质满足国家功能区要求。自然资源富集,探明粉石英矿储量 5177 万吨,天然气储量约 1500 亿立方米,水资源储量达 23 亿立方米。农旅资源独特,有龙缸国家 5A 级旅游景区,张飞庙、三峡梯城、歧山草原 3 个国家 4A 级旅游景区,普安世界级恐龙化石群、环湖绿道等知名景点。

第五,云阳县还有特色的产业优势,是全国"中医药先进县",重庆"晚熟柑橘大县""牛羊大县"。云阳生态产业兴旺,是著名的"面工之乡",云阳面工遍布大江南北,鲜面产品占领了全国 70%的市场,还是西南地区最大的广告材料集中生产地,获评中国西部百强县、重庆市生态文明建设示范县。当前,正加快建设重庆市重要的绿色工业基地、国家全域旅游示范区、三峡健康城和区域大数据中心。

云阳县独特的区位、文化、生态和产业优势为区域职业教育发展提供了土壤。

云阳职教中心是国家级重点中职学校、国家级改革发展示范学校，因三峡移民而兴建，位于三峡移民新城云阳"三峡梯城"中央。"德能并举、立身立业"是云阳职教中心的校训，"德和能""身和业"犹如"人"字的一撇一捺互相支撑，最终归一，成为一个有利于国家人民的大写的"人"。云阳职教中心师生生长于三峡地区，浸染着三峡地区厚重的历史文化，具有天然的"石梯"精神。而今，居"登云人字梯"旁，又负"德能并举、立身立业"之重任，面临提质培优、"三教"改革、高质量发展之要务，于是，"登云梯"精神和"职教"精神悄然契合，借"登云梯"之形构建学校"教学模式"之形，借"登云梯"之神提升学校"教学模式"育人之魂就自然产生了，并达成一致共识。

云阳职教中心育人理念与"校训"如表1-2所示。

表1-2 云阳职教中心育人理念与"校训"

类别		要素	要求
根本任务	立德树人	立德：培养德行。 树人：培养成才。	为党育人，为国育才
校训	德能并举 立身立业	德：品德、品行。 能：才能、技能。 身：品格、修养。 业：家业、职业、事业	1. 培养能工巧匠、大国工匠。 2. 培养德才兼备的社会主义事业的接班人、劳动者。 3. 培养国家需要的德技双馨技能型人才
特色德育	"三实"德育：实心、实行、实得	实心：确实之心。 实行：踏实之行。 实得：丰实之得。	1. "颐养实心"，启航学生读书修德，强化铸魂。 2. "推崇实行"，引导学生实践孕德，促进强能。 3. "促进实得"，激励学生甄鉴固德，激潜扬长

（二）培养全面发展之人的教育旨归追寻

人的全面发展学说是马克思主义哲学重要的理论成果。人的能力发展是马克思始终关注的问题。人的全面发展是指，人的身心统一的、充分的、多方面的且自由的发展，也就是人的体力和智力以及各方面才能的协调发展。人的全面发展是中国特色社会主义的本质要求。在教育领域，我国一贯坚持"培养全面发展的人"这一教育旨归。党的二十大报告提出："要全面贯彻党的教育方针，落实立德树人根本任务，发展素质教育，推进教育公平，培养德智体美全面发展的社会主义建设者和接班人。"《中国教育现代化2035》提出："更加注重以德为先，更加注重全面发展，更加注重面向人人，更加注重终身学习，更加注重因材施教，更加注重知行合一，更加注重融合发展，更加注重共建共享。"职业教育发展亦需建立"培养人的德智体美劳全面发展"的目标诉求。

长期以来，社会对职业教育的功能认知存在重单一经济功能的误差，认为职业教育只是培养"经济人"（或"职业人"），过分追求职业教育的功利性，即经济效益。随着职业教育类型特征的日益凸显以及国家战略对职业教育之于国家发展的积极意义的强调，职业教育的培养目标已逐渐跳出培养"经济人"的思维定势，而转向培养全面发展的"社会人"的新的历史阶段。全面发展的"社会人"主要有3层含义：其一，个体能力的全面发展，不仅指生产性能力，还包括人的素质、情感、潜能、审美、责任以及智力等的发展；其二，个体职业能力的发展，包括职业技能、职业道德、职业精神、职业发展规划和创新创业等全方位的、高阶的且不断顺应时代发展的职业能力；其三，个体需要的全面发展，包括社会生存、职业晋升和发展、职业享受和发展创造的需要。在"培养全面发展的人"的教育旨归的价值引领下，中职教育改革与发展应聚焦探索人才培养目标、办学定位以及课程教学模式等的创新发展。

（三）新时代职业教育的内涵发展需求

随着我国进入新的发展阶段，产业升级和经济结构调整不断加快，各行各业对技术技能人才的需求越来越紧迫，职业教育的重要地位和作用越来越凸显。职业教育不仅是教育事业的重要构成，也是国家建设的重要事项之一。党的十九大报告提出，要"完善职业教育和培训体系，深化产教融合、校企合作"；《中国教育现代化2035》对职业教育发展提出了"服务能力显著提升"的目标，要"加快发展现代职业教育，不断优化职业教育结构与布局。推动职业教育与产业发展有机衔接、深度融合，集中力量建成一批中国特色高水平职业院校和专业"。根据社会经济发展情况，转变经济发展方式、调整产业结构、推进全面创新是当前我国经济建设的关键，为此大力推进职业教育改革创新，提高技术技能型人才培养质量，加快建设新时代高质量的职业教育体系以更好地对接经济发展的需求是职业教育发展的必然方向。

2019年，《国务院关于印发国家职业教育改革实施方案的通知》（国发〔2019〕4号）提出，要从优化教育结构、改善中职学校基本办学条件、优化中职学校布局结构和科学配置职业教育资源、完善招生机制等方面提高中职教育发展水平；并提出了推进高职教育高质量发展。2021年4月，全国职业教育大会召开。习近平总书记对职业教育工作作出重要指示强调，"加快构建现代职业教育体系，培养更多高素质技术技能人才、能工巧匠、大国工匠"。李克强总理作出批示，孙春兰副总理出席并发表讲话。随即，中共中央办公厅 国务院办公厅印发了《关于推动现代职业教育高质量发展的意见》，基于服务技能型社会建设和构建现代化职业教育体系的基本定位，提出了"强化职业教育类型特色""完善产教融合办学体制""创新校企合作办学机制""深化教育教学改革"和"打造中国特色职业教育品牌"的工作方向。党的二十大报告指出："统筹职业教育、高等教育协同创新，推动职普融通、产教融合、科教融汇，优化职业教育类型定位。"报告为职业教育的未来发展指明了方向，绘就了蓝图，吹响了号角。针对中职学校，提出要"大力提升中等职业教育办学质量，优化布局结构，实施中等职业学校办学条件达标工程，采取合并、合作、托管、集团办学等措施，建设一批优秀中等职业学校和优质专业"，为高职学校输送生源，推动中职学校和其他类型学校（高职、高中）在课程互选、学分互认等方面的横向流通；与此同时，支持有条件的中职学校根据当地经济社会发展需要试办社区学院，进一步对接地方经济发展的需求。推动职业教育高质量发展，离不开教学领域的改革，尤其是教学模式的改革和创新。在信息技术的支持下，创新教育教学模式，是建设高质量职业教育体系的必要基础。

职业教育教学新要求如表 1-3 所示。

表 1-3 职业教育教学新要求

指标	要素	要求
标准	时代新要求	适应新时代对技术技能型人才培养的新要求
	专业教学标准	符合教育部发布的专业教学标准
	实训教学条件建设标准	符合教育部发布的实训教学条件建设标准
	顶岗实习标准	符合教育部发布的顶岗实习标准
	职业标准	1. 对接职业标准（规范）。 2. 对接职业技能等级标准。 3. 对接"1+X"证书制度
	专业人才培养方案	紧扣学校专业人才培养方案
	课程标准	紧扣学校课程标准
素养	学习能力	培养学生学习能力
	信息素养	培养学生信息素养
	职业素养	培养学生专业精神、职业精神
	职业能力	培养学生职业能力
	工匠精神	培养学生精益求精的工匠精神
	劳动态度	培养学生爱岗敬业的劳动态度
目标	教学目标	表述明确、相互关联、重点突出、可评可测
教师	素养	1. 展现新时代职业院校教师良好的师德师风、教学技能、实践能力和信息素养。 2. 展现良好的"双师"素养
	团队	1. 发挥教学团队协作优势。 2. 老中青传帮带。 3. 组建教学创新团队
	能力	1. 课堂教学态度认真、严谨规范、表述清晰、亲和力强。 2. 实训教学讲解和操作配合恰当、规范娴熟、示范有效，符合职业岗位要求。 3. 能够与时俱进地更新专业知识、积累实践技能、提高信息技术应用能力和教研科研能力

续表

指标	要素	要求
学生	基础	1. 知识和技能基础，认知和实践能力，学习特点。 2. 生源特点，个体差异
	地位	1. 学习主体：主动学习，学会学习。 2. 发展主体：学有所获，德有所成
内容	课程思政	1. 深入挖掘课程思政元素。 2. 进行结合课程特点的劳动教育，包括劳动精神、劳模精神、工匠精神。 3. 引导学生树立正确的理想信念。 4. 学会正确的思维方法。 5. 培育正确的劳动观念。 6. 增强学生职业荣誉感
	产业资源	1. 体现产业发展新趋势、新业态、新模式。 2. 相关领域产业升级的新技术、新工艺、新规范
	职业资源	1. 根据职业工作过程优化教学内容。 2. 实训教学内容源于真实工作任务、项目或工作流程、过程。 3. 引入典型生产案例、生产实际案例。 4. 专业（技能）课程按照生产实际和岗位需求设计模块化课程
	组织要求	1. 有效支撑教学目标的实现。 2. 选择科学严谨、容量适度。 3. 安排合理、衔接有序、结构清晰
	教材	1. 教材选用符合《职业院校教材管理办法》等文件规定和要求。 2. 探索使用新型活页式、工作手册式教材并配套信息化资源
	资源	1. 配套丰富、优质的学习资料。 2. 体现专业升级和数字化改造的资源。 3. 建立资源库，资源管理和学习平台。 4. 探索建立精品在线开放课程
实施	教学理念	1. 体现先进教育思想和教学理念。 2. 遵循学生认知规律。 3. 符合课堂课内外教学实际。 4. 落实德技并修、工学结合的要求。 5. 强调知行合一、学做合一

续表

指标	要素	要求
实施	教学方式	1. 采取行动导向教学，如项目教学、案例教学、任务教学、活动教学、情景教学等。 2. 工学结合、理实一体。 3. 方法手段设计恰当，有针对性、差异化
	教学组织	1. 突出以学生中心。 2. 针对不同生源分类施教、因材施教。 3. 采取灵活的教学组织形式，包括分组教学。 4. 教学活动安全有序，教学互动广泛深入，教学气氛生动活泼。 5. 合理运用平台、技术、方法和资源等组织教育教学，进行考核与评价，持续开展教学诊断与改进。 6. 关注师生、生生的深度有效互动
	教学技术	1. 技术应用多样化，预想合理。 2. 关注教与学全过程的行为信息采集。 3. 合理运用云计算、大数据、物联网、虚拟增强现实、虚拟仿真、增强现实、人工智能、区块链等信息技术及数字教学资源、信息化教学。 4. 实训教学应运用虚拟仿真、虚拟现实、增强现实和混合现实等信息技术手段
	教学过程	1. 教学过程系统优化，流程环节构思得当。 2. 创新教学与实训模式，给学生深刻的学习与实践体验
	教学评价	1. 评价考核周全，多元化，数据化。 2. 针对教学目标要求开展教学与实践的考核与评价。 3. 改进结果评价，强化过程评价，探索增值评价，健全综合评价。 4. 依托线上平台和软件工具，运用大数据、人工智能等现代信息技术，开展教与学行为分析

续表

指标	要素	要求
实施	实施要求	1. 突出技术技能学习。 2. 突出教学重点难点的解决方法和策略。 3. 有机融入思想政治教育元素，课程思政如盐在水，润物无声。 4. 收集教师教、学生学的行为信息，并根据反映出的问题及时调整教学策略。 5. 结合实际，注重实练，突出实效。 6. 高效，有趣，有效
其他	"岗课赛证"融合育人模式	1. 教学内容融入：工作岗位要求，技能大赛要求，职业技能等级证书要求，并与课程标准融合。 2. 教学过程融入：岗位工作生产过程及方法，技能大赛比赛过程及方法，职业技能等级考证过程及方法。 3. 教学评价融入：工作岗位、技能大赛、职业技能等级的评价办法（借鉴），以及要求、标准差异
其他	线上线下混合式教学模式	1. 线上线下交替、结合进行。 2. 线上包括平台、资源、远程教学、在线回放、作业作品提交、自动分析评价等。 3. 线上线下选择原则：方便优先、效率优先、效果优先、成本优先。 4. 线上线下组织形式、教学内容、教学进度基本一致
其他	教案基本要素	1. 必须包括：授课信息、任务目标、学情分析、活动安排、课后反思等教学基本要素。 2. 可以包括：教材分析、教学重难点、教学理念、工具技术、教学方法、教学流程、作业布置、板书设计、特色创新等
其他	成果成效	1. 设计理念、教学实施与育人成效的有机统一。 2. 课程思政、素养教育、重点突出、难点突破等方面的改革与创新

（四）学校教学模式改革的长期经验凝练

2010年6月，教育部、人力资源社会保障部、财政部共同印发《关于实施国家中等职业教育改革发展示范学校建设计划的意见》（教职成〔2010〕9号），目标是形成一批代表国家职业教育办学水平的中职学校，大幅度提高这些学校办学的规范化、信息化和现代化水平，使其成为全国中等职业教育改革创新的示范、提高质量的示范和办出特色的示范，在中等职业教育改革发展中发挥引领、骨干和辐射作用。改革的重要内容之一即是改革学校教学模式。云阳县职教中心是第三批国家中等职业教育改革发展示范学校建设计划项目单位，自 2013 年起即成立了教学模式改革领导小组和专家指导小组，已开展了近 10 年的教学模式改革。对企业、行业和中职学校广泛的实践调研发现，目前中职学校教学中，大部分都遵循传统教学模式，即理论教学与实习教学分别进行，各自为政，互不干涉。理论教师注重理论知识讲解，实习教师注重实际操作，存在理论教学与实习教学严重脱节等问题，不但给学生的学习造成很大困难，也造成了重复教学和资源浪费，更影响了教学质量的提高和应用型、技能型人才的培养。因此，按传统方法培养的学生难以满足职业岗位的要求，改革教学模式、创新教学方法是中职学校的必然选择。

在领导小组以及专家指导小组的全面介入性指导下，全校开展了全面的教学模式改革实验，基本形成了基于信息化平台的"以能力为中心、以学生为中心、以课题为中心"三中心，"建数字资源平台、建网络教学平台"两平台和"建立自主学习机制"一机制的中职教学模式改革方案。在实践中，探索出了"理实一体化"和"五环四步能力本位职业教育"两种特色教学模式，并取得了较好的教学效果。在对过去 10 年教育模式改革的经验总结的基础上，应构建凝聚地方特色、立足学校办学历史和目标、面向区域发展且瞄准国家职业教育发展战略的创新型中职教学模式。根植地方的特色文化——"人字梯"文化，以促进人的全面发展为教育目标，立足国家职业教育改革和发展的方向，结合学校的办学历史和经验，云阳职教中心总结凝练了中职学校的"人字梯型"教学模式（见表 1-4）。这既是学校本地化办学实践的重要改革成果，也是形成学校品牌效应的重要抓手，也是提升学校服务区域发展能力的必然举措。

表 1-4 "人字梯型"教学模式重构

六阶递进		六双并行											
阶段	教学流程	教师	学生	品德素养	知识技能	教材	资源	课程标准	职业标准	理论学习	技能训练	线上	线下
第一阶	教学准备	主导	主体	课程思政	课程主体	主体	辅助	主体	参照	知识够用	技能熟练	辅助	主体
第二阶	教学定标												
第三阶	层层进阶												
第四阶	展示评价												
第五阶	应用达标												
第六阶	拓展延伸												

二、核心概念

职业教育教学模式区别于其他类型教育如普通学校教育的教学模式。因此，本节对核心概念的解读遵循上位概念——下位概念递进和关键概念的构成要素分析两条路径，以厘清本书所涉及的核心概念的内涵实质。

（一）职业教育教学模式

顾明远先生主编的《教育大辞典》将教学模式定义为"反映特定教学理论逻辑轮廓，为实现某种教学任务的相对稳定而具体的教学活动结构，具有假设性、近似性、操作性和整合性"[①]。国际上较早对"教学模式"进行系统研究的是乔伊斯（Bruce Joyce）、威尔（Marsha Weil）和卡尔霍恩（Emily

---

① 顾明远. 教育大辞典：增订合编本[M]. 上海：上海教育出版社，1998：717.

Calhoun）合著的《教学模式》（Models of Teaching）[1]，从国际上上百种教学模式中挑选出 25 种进行了详细介绍，按其功能和方法论基础分为信息处理、人格发展、人际关系和行为控制 4 大类，每种教学模式按教学情境描述、理论基础、主要教学活动、教学原则、辅助系统、教学和应用效果、应用与建议 7 个部分进行介绍。受乔伊斯等人的影响，我国学者将教学模式定义为"符合特定的教学理论逻辑的，为特定的教学目标服务的相对稳定的教学活动结构，它能够帮助教师根据一定程式设计课程，安排教学材料，指导课堂教学等"[2]。也有学者将之定义为"在一定教学思想指导下，围绕着教学活动中的某一主题，形成相对稳定的、系统化和理论化的教学范型，由指导思想、主题、目标、程序、策略、内容和评价等要素构成"[3]。可以看出，教学模式是一个具有多维要素的且保持相对稳定的系统，兼具理论性和实操性。

职业教育教学模式反映的是职业教育领域理论与实践的逻辑轮廓，在不同的职业教育理念的指导下，形成了不同的职业教育教学模式，每一种模式都有其特定的提出背景。职业教育教学模式即是在一定的教学思想或教学理论指导下建立起来的职业教育教学活动的基本结构或框架，表现教学过程的程序性的策略体系[4]。对职业教育教学模式关键要素的解读主要从理论依据、教学目标、操作程序和条件机制 4 个方面进行。

（二）"人字梯型"教学模式的多方位解读

"人字梯型"教学模式是基于云阳县的特色"人字梯"文化，结合本校的办学历史、经验以及发展愿景，以培养全面发展的"职业社会人"为教学目标，由一套稳定的操作程序形成的，借助学校和企业双平台、线上和线下双教学环境的平台机制、教师等人员要素、教学内容等教学设计机

---

[1] JOYCE B, WEIL M, CALHOUN E. Modelos de enseñanza[M]. Barcelona: Gedisa, 2002.
[2] 《青年教师岗前培训资料》编写组. 教育心理学[M]. 西安：西北大学出版社，2010：200.
[3] 李秉德. 教学论[M]. 北京：人民教育出版社，1991：256，8.
[4] 邓泽民. 职业教育教学设计[M]. 北京：中国铁道出版社，2016：156.

制等条件机制实现的中职学校教学模式。下面对这一概念的核心要素进行详细解读。

1. 提出背景:"人字梯"文化和职业教育理念的耦合

人字梯是用于在平面上方空间(如屋顶)进行装修类工作的一类登高工具。人字梯因其使用时两边的梯杆及地面构成一个等腰三角形,看起来像一个"人"字,因而将它形象地称为"人字梯"。活动的人字梯将两个梯子的顶部用活页连在一起,移动时可以合起来。

图 1-1 是人字梯的详细结构图。4 个主要构件支持了人字梯的工作。梯梁和踏板是人字梯的主体,在顶端的活页的调节下,与地面形成了一个可以活动的等腰三角形。限位器和梯脚两个构件则为这一结构增加了稳定性:限位器决定了人字梯的开合程度,且保持人字梯在作业过程中的稳定开合角度;梯脚进一步增强了作业过程中人字梯的稳定程度。两者一起保证了作业过程中的安全性。

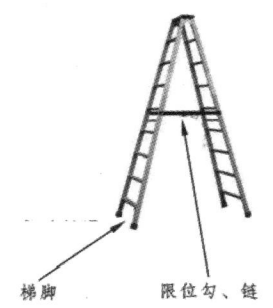

图 1-1 人字梯的主要构件

注:梯梁:木直梯两侧的边梁。
　　踏板:上下梯子时脚踏的构件。
　　梯脚:安装在梯梁下端用以防止梯子滑移的构件。
　　限位器:防止人字梯自由开合的设施。

图 1-2 是云阳"登云梯"的实景图,是当地重要的地标景观,内蕴了云阳县独特的地方文化,是享有"天下梯城"之称的云阳县的城市名片之一。它起于云阳新县城长江边的滨江大道,顺坡而上,横贯城市中央,止于新县城制高点磐石城下。攀"登云梯",可健身,可赏青山绿水,可体

验"潮兴云卧处,情满鸟鸣时"的安逸意境,也可一览长江东流的壮阔气象。每年的 9 月 28 日,云阳都要举办重庆·云阳移民文化节。在此期间,全国各地登梯高手云集云阳,参加一年一度的全国登梯大赛。两年一次的"国际摩托车城市登梯竞技赛"更是吸引了一众国际高手在此梯道一决高下。登云梯展示了勇攀高峰的地方精神。"登云梯"背后积淀着深厚的历史文化:磐石城、三峡文物园和龙脊岭公园,是云阳县勤劳坚毅、劲健朴拙和天人合一的地方文化精神。

图 1-2 云阳"登云梯"

结合人字梯的结构和云阳的地方文化,云阳"人字梯"文化可凝练为互惠、合作、共生和稳健上升 4 个关键特征。

互惠,指在不同主体的互动过程中,两个或两个以上团体能够相互理解和相互尊重。这一概念最早产生于经济学中的社会交换理论领域,最早是指一套被社会接受的关于向另一方提供资源一方要求另一方回馈的交易规则,也即在交换关系中,行动者相互之间都能为对方提供有价值的行为。[①]这一概念引入教育领域,主要指"互惠学习"。从外部环境来看,人和环境是不断发生交互作用的,因此"互惠学习"是一种合作式学习,是彼此贡献见解,求得互惠与善意的学习;从教学过程来看,尤其是从师生互动来看,强调教育内容的意义不是作为现成知识而存在,而是在教师与学生以及学生相互之间的互相沟通合作中生成的,是通过交互主体的实

---

① 胡琴芳,张广玲,王凤玲.供应链合作关系中的连带责任治理模式研究[M].长春:吉林大学出版社,2019:15.

践建构的，是互相"赠与""互教互学"，实现共同提高的过程[1]。在新时期，互惠即强调教学过程中师生双方、生生之间、学生和企业师傅，以及学校教师和企业师傅等不同主体之间的平等交流，区别于传统模式中单向的，往往以某一方强势而另一方作为附庸而从属的交往方式。教学过程中的互惠意味着两个及两个以上的群体能够相互欣赏、相互理解、相互尊重和相互促进。

合作，意味着不同主体互相支持、互帮互助，为了同一个目标一起努力。合作在职业教育教学中有两方面的含义：校企合作以支持区域性的产教融合；教学主体的平等合作以达成教学目标，也即合作性学习。《国家中长期教育改革和发展规划纲要（2010—2020年）》明确指出，工学结合、校企合作和顶岗实习是我国现代职业教育最重要的人才培养模式，而校企合作既是工学结合的重要载体和表现形式，也是实施顶岗实习的基本前提与平台。校企合作的质量和深度直接影响职业教育人才培养质量，是职业教育教学质量的核心支撑。有学者提出，当前职业教育改革思维应实现从校企合作到产教融合的转变。因为前者将职业教育主要视为教育问题，学校主导企业参与，存在"校热企业不热"的现象，企业被要求履行一定的社会责任，思维主线是人才培养模式和人才工作模式的匹配程度；而后者采取经济立场和教育立场的结合，强调职业教育办学的社会经济背景，要求对职业教育发展以及相关产业的制度进行统筹安排和规划，企业和学校置于更加平等的地位，思维主线是经济模式和办学模式的匹配程度[2]。加强校企合作的质量和深度，提高校企双方对于合作办学的认同度，构建校企合作办学的共同愿景是当前职业教育发展的主要基调。

共生，这一概念源于生物学，最早是指不同种属的生物一起生活的状态。德国生物学家德贝里（Anion De Bary）[3]将"共生"定义为：一定条件下共生环境中共生单元的主体按照某种共生模式联系在一起，形成相互

---

[1] 朱志平."互惠学习"论[J].全球教育展望，2006（12）：32-38.
[2] 石伟平，郝天聪.从校企合作到产教融合——我国职业教育办学模式改革的思维转向[J].教育发展研究，2019，39（1）：1-9.
[3] CARRAPIÇO F. The symbiotic phenomenon in the evolutive context[M]// Special sciences and the unity of science. Springer, Dordrecht, 2012: 113-119.

联系、共同生存、协同进化的关系。也即是说，共生包含共生环境、共生单元和共生模式三个要素。共生是自然界和人类社会的普遍现象，也是人类社会发展的必然趋势。以共生观点看待人类社会中的政治、经济和文化等的关系使我们能更加深刻地理解、把握这些关系的客观性和普遍性，进而不断推进特定领域的优化和可持续发展。西方社会学家将这一概念引入社会科学领域，强调人与人之间、人与物之间、人与环境之间尤其是人与社会之间的密切联系和相互依存的共同体状态。将这一概念移植到职业教育领域，有两方面的含义。其一，以共生式的组织变革思维为异质性主体提供融合的动力机制。即是说，在产教融合理念的指导下，职业院校必须谋求与市场主体、产业主体以及行业主体共同建立一种共生共赢的生态，通过主体间的磋商、资源整合和共享、建立包容性组织文化以及多元主体参与教育治理等手段弥合异质性主体的差异，实现职业院校、产业、行业和市场的整合性、互补性发展。其二，职业教育和区域发展的共生关系。职业教育和经济领域联系紧密，肩负着直接服务和联动区域经济发展的社会责任，这既是职业院校办学规定性的体现，也是新时代职业教育的使命。21世纪以来，尤其是党的十八大以来，职业教育对接了城乡一体化、新型城镇化、新农村建设、乡村振兴、教育帮扶以及农业领域的供给侧结构改革，显示了其卓著的服务区域发展的功能。依据德贝里的要素划分，职业院校和区域共同构成了一个生态系统：共生单元包括职业院校、政府部分、企业、行业和地方基层组织等；共生环境是职业院校所处区域的政治、经济、文化和教育等各类关系的总和；共生模式则是指职业院校和区域社会经济的整合性一体化发展。

稳健上升，既是过程，也是目标，指在不同主体、不同平台以及各种互惠、合作和共生的系统生态的支持下，实现事物的稳健性、可持续发展。在"人字梯型"结构模式下，职业院校、企业行业和区域环境形成了一个稳健的、互惠共生的、互相扶持的良好生态；职业学校和社会（尤其是企业、行业）的分界线逐渐淡化；职业教育教学发生在职业院校、企业、行业以及区域其他社会组织等广泛领域，不同场域共同支持职业教育教学；在微观的教学过程领域，不同主体也在这一生态中实现共生式发展——学生获得职业能力、职业道德、职业精神等全面发展，教师获得教学能力等专业生涯的持续精进，企业师傅则获得职业能力的精深化和教学能力的熟练化。

此外，马克思关于人的全面发展理论、维果茨基的最近发展区理论、哈斯的自我决定学习理论以及现代职业教育理念中最为重要的产教融合理念和职业教育与经济互动的理论为"人字梯型"教学模式提供了坚实的理论基础。

基于以上对云阳"人字梯"文化和现代职业教育理念的耦合性分析，下文将进一步说明"人字梯型"教学模式的教学目标、操作程序以及条件机制。

2. 教学目标：全面发展的"职业社会人"

"人字梯型"教学模式的最终目标是为区域社会经济发展培养全面发展的"职业社会人"，具体来讲，可以分解为3个层次的教学目标：职业能力的多维发展、学生自我决定学习能力的发展以及教师教学研究能力的发展。其一，对职业能力的强调，是对以往知识中心、技能中心的职业教育的改进，转向以能力为中心的职业教育教学模式。这一模式以学生职业能力的多维度的发展为目标，宏观来讲，包括专业能力、方法能力和社会能力；微观来讲，包括职业适应能力、发展能力和创造能力等。其二，在技术革命背景下，我们获取和分享信息、知识和技能的方式发生了巨大变化。我们现在置身于一个适应环境、需要变化而出现和发展的学习生态中，学习者拥有加入和发展这些生态的能动性。技术的能动性深刻形塑着教育领域以及学习者的发展。培养学生的自我决定学习能力，即强调发挥学习者的能动性在学习过程中的关键作用，学习者自我激励，自主学习，自我反思，为自己的学习负责，成长为主动应对行业发展变化的高适应性人才。其三，教师作为教学过程的另一主体，要改变以往"以书本为中心"的教学范式，围绕课题组织教学材料，将教学和科研有机整合起来。一方面，保持教学内容的实时更新；另一方面，则是提升自身的教学科研能力，进而提升中职教师的专业探索能力。3个分目标合力支持总目标：为区域社会经济发展培养兼具职业能力和社会能力的全面和谐发展的人才。

3. 操作程序："人字梯型"教学模式的运行机制

"人字梯型"教学模式强调按课题组织教学内容和教学材料,把相关的知识、技能以问题的形式进行重组,充分利用课题研究、探索、追寻和论证等手段,在教学全过程中最大化地利用信息资源,有效调动学生学习的主动性、积极性和创造性。这一教学模式由 6 个阶段构成。

(1) 确定教学目标。学生的能力发展是在长时间的教学累积基础上逐渐发展的,实践中的教学应该首先明确操作性的目标,为学生学习定标、定向,明确"学什么""怎么学"以及达到"什么程度"。教师和学生应根据专业及课程要求,依据学情,使学生在一个完整、真实的问题背景中(如课题)产生主动学习的需要,通过与学校教师、企业师傅、同伴等的互动、交流,即合作学习以及自己的主动学习,在一个有教师和师傅共同协助、学校和社会共同营造、线上和线下平台共同搭建的支持性学习网络中,让学生自己体验从识别学习目标到达成学习目标的全过程,培养学生在实际情景中的问题解决能力、自主学习能力、创新能力以及合作能力。

(2) 创设学习情景。教师选择一个与教学内容高度关联的职业情景,且和企业生产经营的实际情况基本一致;同时,这一学习情景应是安全且具有挑战性的,教师应设计支持学习者自主、允许失败的学习环境。

(3) 确定问题。在上述学习情境下,将学生引入问题情境,即在这一情境中选择与当前学习内容直接相关的真实问题作为学习的中心内容。

(4) 自主学习。让学生独立探索,自主分析;教师不断给学生提供解决问题的线索,帮助学生沿着概念框架逐步向上攀升,提供学习过程指导,保证学生有成功的机会。在这一过程中,教师要允许学生决定学习活动和结果,且持续提供积极的、过程的和及时的反馈,展示同理心;鼓励学生监控自己的学习路径、过程和成绩,促进对学习环境和学习过程的持续反思。

(5) 协作学习。支持学生协作并与他人建立联系,以及分享收获的学习活动。通过小组协商或者班级的整体讨论,共享集体智慧,不断修正、完善和补充各自的观点,在这一基础上达到对这一问题进行更为全面的理解,最终完成对所学知识的主动建构。

(6)效果评价。与学生一起分析和制定考核标准。对学生学习效果的评价包括学生自我评价、小组评价和教师对学生学习过程的过程性评价。

总的来看,这一学习过程呈现为教师和学生的主体性持续发挥的过程,学生的主动性不断增强,教师作为教学的组织者、引导者和促进者发挥着对教学过程的持续监控并随机变动教学方法和干涉程度,以更好地为学生的"攀升式发展"提供支持。

4. 条件机制:"人字梯型"教学模式的支持体系

"人字梯型"教学模式的实现需要人、平台和教学设计的共同支持,三者形成了"人字梯型"教学模式的条件机制。

(1)人员:教师—学生—师傅。

把握行业知识和技能与教育知识和技能之间的适当平衡是职业教育教师区别于普通教育教师的显著特征。学校教师和企业师傅作为人字梯的一侧和学生形成层级递进的学习人字梯。中职学校教师和企业师傅利用其行业专业知识设置与职业相关的活动和作业,与学生的工作实习紧密联系,并使学生能够在所教授的理论和实践经验之间建立良好的联系。教师和师傅是教学模式改革中的重要变量,在"人字梯型"教学模式中,两者以合作性、互补性的形式全程参与教学:学情了解、教学目标设定、教学过程实施和教学评价。具体来看,两者应该在如下层面达成共识和澄清:学校课堂学习内容和企业实习内容的相关性及互补性;在教学和实习中融入知识、能力和情感三方面的内容;充分利用信息技术,及时监控、诊断学生的学习,适应性地调整教学方案。

学生作为"人字梯"的右侧主体,必须自主承担学习的责任,对自己的学习负责——不仅要对如何学习负责,还要对学习内容负责。学生是教学和学习过程的中心,成为从计划和执行到评估学习整个学习体验的积极主体,学生通过主动和真实地学习、做中学、脚手架学习以及协作学习等完成由未知到已知的探索。具体来看，学习者应承担以下责任：在目的上，学生需自己确定目的，为实现目的而进行学习；在过程中，选择学习的方式和策略，自主掌握学习的进程，自我控制、自我调节；持续诊断学习需求、制定学习目标和学习策略、寻求学习资源、实施学习计划和对学习结果进行评价。

也即是说，既关注学生的自主学习，又关注教师作用的发挥、学习资源的提供和学习环境的营造等，真正在教学过程中实现以学生为中心。

（2）平台：整合信息技术的校企双平台。

平台搭建主要是数字资源平台、网络教学平台以及虚拟仿真教学平台，中职学校和企业应利用各自的数据库优势及资源优势共同搭建教学平台，以支持学生职业能力的扎实发展。

数字资源平台是信息化教学的必备要素，在中职教育教学中已逐步开始推广，包括学生学习资源、教师教学资源、教与学的评价资源3个方面；形式有文字资料、视频资料、课件、图片和微课等；运行方式有自主阅读、自动播放、自主检测、下载和交流讨论互动等。数字资源平台的优势是强大的整合、集成功能，突破时间、空间和人际限制把各种资源、各类人群、各种形式整合在一起，充分满足每个人的不同需求，实现差异化、个性化教学。

网络教学平台是物质与信息的集成，包括硬件设备和软件系统，目前主要是教学一体机、网络通信设备和学习终端。教学一体机集电子白板、电脑、多媒体、互联网、视频展台和投影等多种物质、软件的功能于一身，能轻松实现信息提取、交互、合作学习、自主学习和实践演练等教学形式。网络通信设备主要是密集型路由器，可以让所有学生、教师轻松上网。学习终端包括个人电脑、平板电脑、智能手机等，具有上网、交流和办公等功能。

在信息技术革命下，虚拟仿真教育是职业教育发展的必然趋势。虚拟仿真实训平台是利用虚拟现实技术、网络技术、计算机技术，仿真或虚构某些情境，供学生观察、操作、建构其中的对象，使学生获得类似真实的体验，从而更牢固地掌握知识理论体系或者获得某种技能的资源[1]。这一平台是在 VR 技术和 AR 技术等支持下，结合行业标准，与企业行业合作构建融合实践教学、企业真实生产和社会培训于一体的仿真性教学训练平台。以模具制造技术专业为例，虚拟仿真实训平台具有如下功能：模具制造和拆装 VR 仿真系统，实现模具的内部结构透析、零件拆装过程分析、多角度旋转观察、工作原理学习、零件作用学习等；计算机仿真实训系统，通过对人、设备和环境的三维模拟，在计算机终端上完成模具的制造，实现自主制造模具或者多人合作制造模具的学习。

（3）教学设计：教学内容和教学方法的匹配。

教学内容以理论知识、技术方法的实践知识（技能和能力）、社会知识（能力）为核心，共同服务于职业能力的发展。理论知识强调学生对这一学科或这一主题的理论框架的整体把握以及对理论知识用途的全面了解，也即专业知识。实践知识（技能和能力）包括从事职业活动所需的工作方法和学习方法，包括制订工作计划的步骤、解决实际问题的思路、独立学习新技术的方法、评估工作结果的方式等；主要是培养学生的方法能力、技术应用能力、技术选择和组合能力以及技术创新能力。社会知识（能力）是培养"社会职业人"的重要教学内容，包括人际关系、公共关系、职业道德和环境意识等，主要培养学生的合作能力、交流与协商的能力、批评与自我批评的能力及职业道德和精神等。

在教学方法上，最大限度地实现与教学内容的匹配。常用的教学方法包括项目教学法、对话式教学法、探究式教学法以及"五环四步"教学法等。同时，也包括教育性的方法如专家演示或讲座等。

综上所述，"人字梯型"教学模式是云阳职教中心结合地方特色的"人字梯"文化以及学校近 10 年的教学改革实践经验，基于一定的理论基础，尝试构建的一种兼具一定理论性和实践性的教学模式。这一模式可为其他中职学校乃至高职学校提供一定的启示。

---

[1] 冯珊珊. 虚拟仿真实训平台在实践教学的应用[J]. 电子技术与软件工程，2016（11）：90-95.

5. 功能价值："人字梯型"教学模式的基本特征

"人字梯型"教学模式总的基本特征：六阶递进，六双并行，目标寻向，能力本位。"六阶递进"是教学环节的结构特征，"六双并行"是教学要素的结构特征，"目标导向"是教学价值的取向特征，"能力本位"是教学实践的取向特征。其中，"能力本位"是职业教育教学模式通用的基本特征，因此，这里不再做具体描述。

（1）六阶递进。

"六阶递进"指"人字梯型"教学模式有6个层层递进的阶梯，也可以称为教学环节、教学流程，分别是：教学准备（课前）、任务发布（课头）、分组进阶（课中）、集中展示（课中）、集中评价（课尾）、拓展延伸（课后）（见图1-3）。

"阶梯"具有"环节""流程"的所有特征，都是教学推进过程中的主要阶段，但"阶梯"更强调了"人字梯型"的理念，主要体现在3个方面：一是步步衔接，互相依托，顺序不能更改；二是步步提升，知识、技能层层递进，循序渐进，不可停滞或跨越；三是先分后合，开始分组教学，后面集中展示总结，形成"人"字结构。

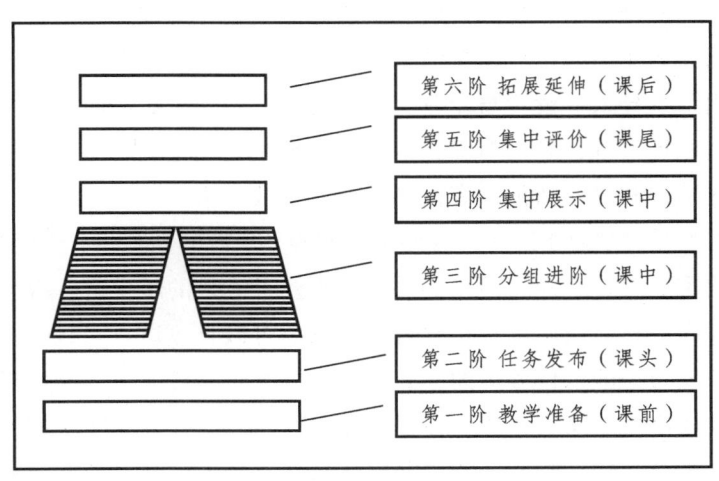

图1-3 "六阶递进"模型

"六阶递进"基本实施特点:

第一,教学过程层层递进。教学过程分为6个层层递进的阶梯(环节),课前一级阶梯,课后一级阶梯,课中四级阶梯,前一级阶梯是后一级阶梯的基础,后一级阶梯是前一级阶梯的延续和提升。主要阶梯为第三、四、五阶梯,第三级阶梯是分组学习进阶,第四、五级阶梯为集中展示评价,三级阶梯构成"人字梯"形结构。

第一级阶梯为教学准备(课前),是课堂教学的基础和前提,师生主要开展4项活动:一是学习基础测试,为教学目标设定、教学难度递进、教学阶梯设置提供依据;二是知识技能准备,复习、巩固、课堂学习中必需的前提知识、技能,重点是与即将进行的课堂学习紧密关联的知识、技能;三是新知学习资源准备,制作、收集、整理课堂学习所需要的资源、作品、素材、数据等,以便在课堂学习时使用;四是新知新技学习训练,教学中学生能够自学完成的知识、技能在这一阶段完成,为课堂学习突出重点、突破难点提供更充裕的时间和精力。

第二级阶梯为任务发布(课头),是课堂教学的导入部分,一般可分为新课导入(引入)、预习(课前学习)讲评、任务发布、考核(任务评价)说明、实施要求、新知讲解6个步骤。

新课导入(引入)可以是情景导入、问题导入、任务导入等方式,一般建议用情景导入。设置与专业、"任务"对应的行业和职业相关的职场情景营造职场氛围,导入新课,以便更好地激发学生的学习兴趣和热情,培养职业精神和专业精神,有机融入课程思政元素。

预习(课前学习)讲评一般要求简明扼要,有问题就讲,无问题不讲;普遍问题重点讲,个别问题私下讲;学生能讲清楚的学生讲,教学过程中能讲的后面讲;与教学重点难点紧密关联的可以重复讲。

任务发布一般以任务单的方式发布,通常包括任务单、完成任务流程单、任务评价表、完成任务资源包4方面的内容。任务发布要简明,说清楚即可,重点交代谁完成任务、完成什么任务、怎样完成任务、完成任务的时间等问题。防止出现只说任务,不说时间要求的情况,一定做到任务要清，要求要明。

考核（任务评价）说明就是解读任务评价表，任务评价表是学生完成任务的导航条。任务评价表有4个要求：一要清楚明白，说清楚要求，怎么评，谁来评等问题；二要可评价，方便打分，最好量化；三要简洁，抓关键，抓要点；四要针对教学目标，不泛不滥。

实施要求主要说明3点：一是完成任务的组织形式，是个人完成，还是小组完成；是独立完成，还是相互学习、协助完成，或者借助外力完成。二是完成任务的程序，说清楚先做什么后做什么，最好列出完成任务的步骤，引导学生完成任务。三是要点说明，如可能出现什么问题、可能遇到什么难题，以及如何处理、怎样解决等。

新知讲解主要就完成任务必须提前掌握的新知识进行集中讲解，一般要做到：学生能自己学懂的不讲，在做中讲效果更好的在做中讲，不需要的知识不讲，讲了也听不懂的不讲，要坚持知识够用、必用的原则。

第三级阶梯为分组进阶（课中），就是在任务发布后，学生分组完成任务，是教学过程的主要部分。任务分为由易到难逐步递进的多个层级，因此学生完成任务的过程就是进阶的过程。分组进阶是借鉴了游戏的模式，分组对抗，层层升级。分组的目的是形成团队和竞争，进阶的目的是降低难度、体现梯度、激发兴趣，具体做法在后面"训练过程分组进阶"中说明。

第四级阶梯为集中展示（课中）。这一环节主要是展示学生完成任务的成果、作业、作品，供大家相互学习借鉴，然后修正完善。展示方式主要有两种：一是陈列式，各小组都把自己的成果、作业、作品陈列出来，让大家观摩、对比；二是展演式，各小组按一定顺序将自己的成果、作业、作品以展示、表演的方式呈现出来，要边展示边解说，让大家看得清、看得懂。展示可以是现场展示，也可以是网络平台展示；可以是不署名的盲展，也可以是署名的明展。

展示时要做到以下3点：一是要集中展示，也就是全部小组、全部成果作品都要展示，所有同学都要"参观"，既起到督促作用，也起到学习借鉴作用，长期坚持形成习惯。二是要展示清楚，要么有文字说明，要么有现场解说，既可以训练学生的整体思维，也可以训练学生的表达能力。三是要总结反思，让学生从展示对比中发现问题，别人哪些方面好？哪些方面值得借鉴？自己哪些方面需要改进？

第五级阶梯为集中评价（课尾）。这一环节主要完成3项任务：一是对学生任务完成情况进行评价；二是对课堂学习情况进行总结；三是布置课后拓展延伸任务。

对学生任务完成情况的评价方式主要是按任务发布时发布的任务评价表进行评价，有排序，有奖惩。评价主体有5类：一是教师；二是学生；三是家长；四是企业人员；五是网络平台。这几类评价主体可以单独评价，也可以协同评价。教师一定是第一评价主体，因为教师评价更客观、更方便、目标性更强、收集信息更多。网络平台评价已成为目前教学评价的重要主体，主要根据学生在网络平台提交的作业、作品信息进行自动评判打分，具有快捷、客观、准确的优势，并能进行一定的统计分析。

对课堂学习情况的总结主要包括成效总结、问题总结、扩展总结3个方面。成效总结就是对学生的获得情况进行总结，主要是巩固重难点知识技能，激发学生的自信心、上进心，以正面引导、强调成绩、激励表扬为主。问题总结主要是对学习中存在的问题进行剖析，指出问题产生的原因、破解的方法，最好能解决问题，不留"隐患"。扩展总结主要是进行内容发散，指出本堂课学习完后可以在哪些方面进行应用、提升，开阔学生视野，为学有余力、学有兴趣的同学提供更丰富的发展路径。扩展总结的一个重要任务就是布置课后拓展延伸任务。

第六级阶梯为拓展延伸（课后），主要是让学生通过课后作业对所学内容进行复习、巩固和拓展。作业方式有书面作业、实践作业、活动作业、网络作业等，主要以知识技能的实践应用为主，尽量减少机械摘抄、简单重复做题等形式的作业。

第二，训练过程分组进阶。训练也包括练习，在职业教育中很多时候也可以称为"做"。训练过程主要包括课前训练、课中训练、课后训练三个部分。训练过程要分组进阶。

第一章 "人字梯型"教学模式概论

其一，训练内容要分层。根据学生差异进行难易程度的分层，可以按容易、一般、较难分为一二三层，分别针对较差、一般、较好三类学生；至少也要按容易、较难分为两层，分别针对较差和一般学生。分层后的训练题目以一类、二类、三类的形式出现在学生面前，不能以容易、一般、较难出现在学生面前，更不能以较差学生完成、一般学生完成、较好学生完成的标识出现在学生面前。要注意保护学生的自尊心。布置任务时学生可以自己选择，鼓励完成全部类别，但不要强制，以引导为主。

其二，训练学生要分组。这个主要是指课中训练，课前、课后有时能分组，有时不便分组。学生分组的主要原因有：一是培养团队合作精神；二是提供互相学习促进的机会；三是大部分项目、任务都需要团队协作才能更好更快地完成。分组的方式有：一是差异化分组，就是各个程度的学生搭配，好处是见贤思齐、见弱思助，便于学生之间互学、互帮、互助；弊端是程度不一，容易产生矛盾，相互拖累，相互埋怨。二是同质化分组，就是将程度差不多的学生分成一组，好处是便于统一行动、统一进度、统一指导；弊端是组与组之间可能差异很大，容易形成两极分化。三是随机分组，就是以抽签、点数等方式随机选取小组学生，好处是学生心理压力小，一般也能体现差异性；弊端是教师不能控制，容易出现意想不到的分组情况，影响教学实施。四是自愿组合，就是学生自己组队，或者确定小组长后由组长组队，好处是小组凝聚力强，好组织；弊端是容易出现小团队，形成"小帮派"，影响教学实施。

第三，训练过程要进阶。训练过程就像打游戏一样要有一个进阶的过程，不能一步到位，训练难度要步步提升，熟练程度要步步提升，主要体现在以下 3 个方面。

一是学生个体要自我竞争，步步提升。在训练过程中，根据任务的分类逐一训练，第一个任务完成后再完成第二个任务。每个学生在训练过程中由易到难、由简单到复杂、由生疏到熟练、由低水平到高水平，步步进阶。这是由学生的认知规律和技术技能形成规律所决定的。

二是小组之间要互相竞争，步步提升。在训练过程中，学生除了自己与自己比较外，还要设计小组间的竞争，体现小组间完成任务的速度、质量和配合协作度。通过竞争,调动学生学习的积极性,调整学习状态,调节课堂氛围。小组间的竞争可以是所有任务完成后的比较,也可以是完成任务过程中的多次比较,具体要根据具体内容、时间等情况确定。这是由中职学生的身心特点、教学组织的基本要求所决定的。

三是训练过程要形成阶梯,层层进阶。中职学生的个体差异很大,同一个班级、同一个小组的学习力、接受力往往相差很大,因此在学习训练过程中不能一步到位,要求整齐划一。应该设置若干阶梯,让学生层层进阶,能力强的多爬几级阶梯,能力弱的少爬几级阶梯,让所有学生都能攀升,都有所获。这是由中职学生个体差异大的现实状况决定的。

第四,展示评价集中递进。学生在完成任务的过程中主要是分组进行,体现的是"人字梯型"模型中下面"一撇一捺"的部分,集中展示评价主要体现模型中上部合并部分。分组学习主要是由一般项目(任务)所需要的人数不多、小组学习团队更好组织管理、分组竞争更有利于提高学习效率等原因所决定的。集中展示评价则更有利于大家互相借鉴、启发、发现问题,然后自我修正、完善,也便于教师集中讲解、突出重点。集中展示评价是课堂教学中整体、全面提升的重要阶段,是实现教学思想、教学质量、教学水平升华的重要手段,也是"人字梯型"教学模式实现教学目标的课中最后一级重要阶梯。

集中展示评价要注意3个问题。一是抓住关键,集中展示的关键在于学生相互借鉴、启发、对照自查,教师发现问题、反思教学目标达成情况;集中评价的关键在于教师、学生针对性解决普遍性问题,促成教学目标全面达成。二是教师主导,展示评价不能任由学生发挥,教师要发挥强有力的指导作用。因为只有教师才能更准确地发现学习中存在的重要问题、关键问题,以及指导如何解决问题。三是把握时间,分组进阶是学生学习的重要过程,是掌握知识、形成技能的关键阶段,以学生为主,必须花大量时间;集中展示评价是难点突破、总结评价的重要阶段,是对分组进阶的总结、评价、反思,以教师为主,不能花太多时间。

第五,学习成效层层提升。从第一阶开始,到最后一阶,知识的多少,技术技能的复杂程度、难度、综合度都在步步提升，因此学习成效也应该是层层提升的。

第一阶教学准备是"前提知识"技能的复习、巩固、掌握，是预备阶段；第二阶任务发布是领取任务，"必要知识"的学习、掌握，是起步阶段；第三阶分组进阶是完成任务、知识应用、技术掌握、技能形成，是攀爬阶段；第四阶集中展示是相互学习、借鉴、启发、完善，是冲刺阶段；第五阶集中评价是总结、破难、升华，是冲关阶段；第六阶拓展延伸是巩固、实践应用、扩展，是出彩阶段。

每一个学生都应该从第一阶攀爬到最后一阶，达到"冲关"合格水平。大部分学生是自己独立完成到达的，少部分学生是在老师同学的帮扶下到达的。大部分学生是在经过努力，流着汗水、喘着粗气、腿脚发酸发软中到达终点的；少部分学生是轻松愉快地、在往返服务中到达终点的，甚至还往上跑了一段；还有少部分学生是在老师同学的"搀扶"下到达终点的。

"人字梯型"教学模式一定要有学习的阶梯，向上攀登的过程，到达终点的激励；一定要让每个学生感受到攀登的辛苦、劳累、坚持，以及到达终点的轻松、愉悦和畅快；一定要让每个学生在攀爬的过程中能攀登、有竞争、不孤独，感受到登高的快乐，以及站得更高看得更远的开阔视野。

（2）六双并行。

"六双并行"指"人字梯型"教学模式的六对关键要素并行推进。"六双"指的是：教师与学生、品德素养与知识技能、教材与资源、课程标准与职业标准、理论学习与技能训练、线上与线下（见图1-4）。

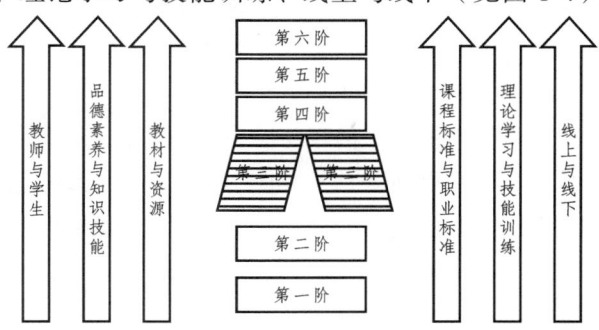

图1-4 "六双并行"模型

"六双并行"基本实施要求：

第一，一主一辅，主次分明。"六双"是教学过程中的六对关键要素，影响着教学的方向、效果和水平。每对关键要素都并行于教学的全过程，但所起作用有主次之分，或各有侧重，不是同等轻重。当然，在具体的教学过程中，也有主次颠倒的特殊现象，因此我们要具体情况具体分析，要注意一般情况与特殊情况的处理。

教师与学生，是教师起主导作用，学生起主体作用，学生是课堂的主人，是学习的主体，是教学实施的根据。一般来说，在任务发布、集中评价阶段，教师起主要作用，学生起次要作用；在教学准备、分组进阶、集中展示、拓展延伸阶段，学生起主要作用，教师起次要作用。

品德素养与知识技能，知识技能是主要的，教学的全过程要花大量的时间、主要的精力用于知识的掌握、技能的形成，这一点是不可改变的。品德素养很重要，贯穿于教学的全过程，伴随着知识掌握、技能形成的全过程，但所花的时间、所用的精力要远远小于知识技能。

教材与资源，教材是主要的，资源是次要的。如果按照课程论，课程标准才是主要的，教材、资源都是次要的。但是，我国职业教育长期沿袭普教思维，把教材当成了课程的标准、教学的标准，因为我国普教的教材都是国家指定教材，具有很高的权威性。现在我国职业教育的教材使用也正在逐步规范，国家规划教材成为主体。在这样的背景下，教材就代替课程标准成为教学的主体，资源是辅助学习的材料。

课程标准与职业标准，课程标准是主要的，职业标准是次要的。教学必须依据课程标准进行，因为课程标准依据的是专业教学标准（人才培养方案）、对应的职业标准、学校的实际情况（包括教育教学、校企合作等）等制定的，是教学的主要依据。但现实中的课程标准有些复杂，国家、省市的课程标准不齐，或者更新慢，不是强制性的，用起来总有一些问题。学校自己制定的课程标准质量不稳定，灵活性大。职业标准主要是国家的，具有权威性。因此，在实际教学中，要根据具体情况恰当处理。

理论学习与技能训练，技能训练是主要的，理论学习是次要的，这是由职业教育培养"技能型人才"的目标所决定的。理论学习是辅助技能掌握的,理论学习只要够用就行,技能则必须充分和熟练。一般来说,掌握技术技能必需的理论知识就学,其他的都可以不学;在掌握技术技能的同时学习所必需的理论知识,不必提前学习,这与普教有很大不同。

线上与线下,线下是主要的,线上是次要的。我们的教学是学校教学,是课堂教学,是面对面教学,因此线下教学占绝对优势。线上教学是辅助线下教学的,起补充作用。在课前的预习中、课后的拓展延伸中,学生可以在线上平台学习,方便查看、提交和教师审阅。在课堂中,抽象的、讲不清楚的、不好演示示范的、不方便现场呈现的,可以用线上平台资源辅助教学,化难为易、化繁为简、化抽象为具象,提高教学效果。

第二,融合进行,有机衔接。在实际教学中,"六双"并非单独呈现,也不能完全分割,而是有机地融合在一起的,共同对教学过程起作用。

一是"六双"中的每对要融合,有机衔接。比如教师与学生,虽有主次,但互相不能分开,没有教师的主导作用,学生的主体作用就不能实现。师生不但不能分离,还必须全程有机融合,完美协作。与知识技能要融为一体,品德素养依附知识技能如同"如盐在水",分不开、离不了,有味道,完全融合。教材与资源,要同向同行,互为补充,不能冲突,不能背离,不能替代。课程标准与职业标准,要衔接使用,不能"一标独大",不能"有我无他"。理论学习与技能训练,要为技能训练学理论,理论学习服务于技能训练。线上与线下,要根据线下需要开展线上学习,线上补充线下。

二是"六双"全部要融合,有机衔接。教师与学生、品德素养与知识技能、教材与资源、课程标准与职业标准、理论学习与技能训练、线上与线下这"六双",有的是对象,有的是内容,有的是标准,有的是过程。它们是一个"事件"的不同侧面,不能分开,且只有互相融合、有机衔接才能发挥出更大的作用,否则就会东奔西跑、各自为政,把一个完整的"事件"弄得支离破碎。融合就是要如盐放在水里一样,分不开;有机衔接就是要互相补充、支撑、配合,形成正向合力,而不是互相拆台,起反作用。

第三，突出关键，体现重点。"六双"中，教师与学生是关键，品德素养与知识技能、理论学习与技能训练是重点。

教师与学生是教学中"人"的要素，教育就是"人"的工作，"人"是教育教学的出发点，也是终极目标。突出"教师与学生"这个关键要从 3 个方面进行：一是将教师与学生作为教学过程的中心，围绕这个中心实施教学，一切依靠教师和学生，一切为了教师和学生。二是将教师和学生作为教学要素的纽带，围绕这个纽带组织、选择、分配其他要素。三是将教师和学生作为教学动力的源泉，教学过程动力的大小、动力的平顺与稳定都依赖教师和学生作用的发挥。

品德素养与知识技能、理论学习与技能训练体现的是教学 3 大目标：知识、技能、素养，或者是知识与技能、过程与方法、情感态度与价值观，所以是重点。其重点作用的发挥要从 3 个方面来体现：一是占用时间最多，至少 90%；二是投入精力最多，至少 90%；三是获得成效最显著，至少 90%。要体现这一重点，需要注意 3 个误区：一是在形式上花了太多时间精力，搞了很多花架子，忽略了"目标"这个重点，课堂很"空"；二是在拓展上花了很多时间精力，引入了很多"泛在"的东西，忽略了本课的"三大具体目标"，课堂很"散"；三是跑流程、拉过程，来也匆匆去也匆匆，忽略了教学的实效，课堂很"虚"。

[栏目 1]："人字梯型"教学模式"六双并行"的基本要求

1. "人字梯型"教学模式"师生并行"的基本要求（见表 1-5）

表 1-5 师生并行的基本要求

六阶递进		师生并行	
	教学流程	教师	学生
第一阶	教学准备（课前）	1. 教学设计。 2. 学情分析。 3. 课前任务发布及评估。 4. 阶梯式学习任务设计。 5. 教学工具、资料准备	1. 完成课前学习任务。 2. 根据任务完成情况自我阶梯定位

续表

六阶递进		师生并行	
第二阶	任务发布（课头）	1. 导入课题。 2. 组建学生学习团队。 3. 发布阶梯式学习任务，锁定目标。 4. 公布评价办法。 5. 讲解完成任务必备知识，示范、演示必备技能	1. 融入团队，自我管理团队。 2. 接受学习任务，熟悉任务及评价办法。 3. 拟订完成任务计划。 4. 储备完成任务必备知识、技能
第三阶	分组进阶（课中）	1. 查看学生任务完成情况，实时评估、指导。 2. 掌控课堂纪律，确保教、学有序有效。 3. 遇到普遍问题，集中讲解、示范	1. 团队协作完成任务，步步进阶。 2. 遇到困难团队攻坚，或请教老师，或请教同学
第四阶	集中展示（课中）	1. 组织学生展示任务完成情况。 2. 发现问题及时解决	1. 展示任务完成情况。 2. 对比其他小组同学完成情况，学习借鉴更好的经验，及时弥补不足
第五阶	集中评价（课尾）	1. 对全体学生进行测试（综合应用测试、小题测验、抽样测试等）。 2. 根据测试情况进行总结评价。 3. 布置课后作业	1. 接受测试。 2. 聆听教师总结，发现问题和不足。 3. 记录作业
第六阶	拓展延伸（课后）	1. 批改课后作业。 2. 对个别问题严重的学生，小组课后进行针对性辅导	完成课后作业

2. "人字梯型"教学模式"品德素养、知识技能并行"的基本要求（见表1-6）

表1-6 品德素养、知识技能并行的基本要求

六阶递进		品德素养、知识技能并行	
阶段	教学流程	品德素养	知识技能
第一阶	教学准备（课前）	1. 培养自觉的学习习惯。 2. 培养完成任务的责任感。 3. 在预习任务中植入课程思政内容	1. 学生自我学习完成任务必备的预备知识、简单知识。 2. 学生自我训练完成任务需要的简单技能
第二阶	任务发布（课头）	1. 培养责任意识。 2. 培养目标意识。 3. 在任务中植入课程思政内容	1. 学生完成任务必备知识的初步掌握。 2. 学生完成任务必备技能的初步感知
第三阶	分组进阶（课中）	1. 培养团队协作意识。 2. 培养自我管控能力。 3. 培养分析问题、解决问题的能力。 4. 在任务中植入课程思政内容	1. 在完成任务中掌握相应知识。 2. 在完成任务中掌握相应技能
第四阶	集中展示（课中）	1. 培养自我反思习惯。 2. 在任务中植入课程思政内容	通过展示任务完成结果初步展示知识、技能掌握情况
第五阶	集中评价（课尾）	1. 培养自我反思习惯。 2. 在任务中植入课程思政内容	测试知识技能掌握情况
第六阶	拓展延伸（课后）	1. 培养自觉的学习习惯。 2. 在作业中植入课程思政内容	知识技能巩固拓展

3. "人字梯型"教学模式"教材、资源并行"的基本要求（见表1-7）

表1-7 教材、资源并行的基本要求

六阶递进		教材、资源并行	
阶段	教学流程	教材	资源
第一阶	教学准备（课前）	1. 教师分析教材。 2. 学生预习教材	1. 练习题。 2. 阅读材料。 3. 微课
第二阶	任务发布（课头）	1. 参考教材。 2. 学习教材	1. 情景营造资源，包括故事、案例、时事等。 2. 阶梯式任务单。 3. 任务完成情况评价表
第三阶	分组进阶（课中）	1. 参考教材。 2. 学习教材	完成任务需要的学习资料，包括工作手册、网页、微课、示范视频等
第四阶	集中展示（课中）	1. 参考教材。 2. 学习教材	展示需要的资源，包括图片、思维导图等任务成果资源
第五阶	集中评价（课尾）	1. 参考教材。 2. 学习教材	参与评价的资源，包括企业导师、其他教师、社会家长等
第六阶	拓展延伸（课后）	1. 参考教材。 2. 学习教材	完成课后学习任务需要的学习资料，包括工作手册、网页、微课、示范视频等

4. "人字梯型"教学模式"课程标准、职业标准并行"的基本要求（见表1-8）

表1-8 课程标准、职业标准并行的基本要求

六阶递进		课程标准、职业标准并行（岗课赛证融合）	
阶段	教学流程	课程标准	职业标准
第一阶	教学准备（课前）	1. 根据课程标准确定教学目标。 2. 根据课程标准选择教学内容。	1. 参考职业标准确定教学目标。 2. 参考职业标准选择教学内容。
第二阶	任务发布（课头）		

续表

六阶递进		课程标准、职业标准并行（岗课赛证融合）	
第三阶	分组进阶（课中）	3. 根据课程标准设计学习任务。	3. 参考职业标准设计学习任务。
第四阶	集中展示（课中）	4. 根据课程标准设计评价项目。	4. 参考职业标准设计评价项目。
第五阶	集中评价（课尾）	5. 根据课程标准设计课后作业	5. 参考职业标准设计课后作业。
第六阶	拓展延伸（课后）		说明：职业标准包括"国家职业标准"、"1+X"证书标准、技能大赛标准、岗位职业能力要求等内容

5. "人字梯型"教学模式"知识学习、技能训练并行"的基本要求（见表1-9）

表1-9 知识学习、技能训练并行的基本要求

六阶递进		知识学习、技能训练并行	
阶段	教学流程	知识学习	技能训练
第一阶	教学准备（课前）	1. 粗浅知识自学。 2. 原有相关知识回忆、测试	1. 简单技能自学自练。 2. 原有相关技能再现、测试
第二阶	任务发布（课头）	相关知识包含在任务之中	相关技能包含在任务之中
第三阶	分组进阶（课中）	在完成任务中学习相关知识	在完成任务中训练相关技能
第四阶	集中展示（课中）	在展示中显示知识掌握情况	在展示中显示技能掌握情况
第五阶	集中评价（课尾）	对知识掌握情况进行评判	对技能掌握情况进行评判
第六阶	拓展延伸（课后）	巩固所学知识	巩固所学技能

6. "人字梯型"教学模式"线上、线下并行"的基本要求（见表 1-10）

表 1-10 线上、线下并行的基本要求

六阶递进		线上、线下并行（混合学习）	
阶段	教学流程	线上	线下
第一阶	教学准备（课前）	1. 教师利用学习平台发布预习任务、测试、统计分析。2. 学生利用学习平台进行在线答题、测试、提交作业	学生线上领取任务，线下完成，线上提交
第二阶	任务发布（课头）	1. 可线上发布任务。2. 可利用线上平台营造学习情境，导入课程	1. 可线下发布任务。2. 可线下讲授营造学习情境，导入课程
第三阶	分组进阶（课中）	线上为辅，如利用平台、资源辅助学习、网络资料查找、校企连线等	线下为主，开展分组学习、研讨交流、项目训练等教学活动
第四阶	集中展示（课中）	可线上展示	可线下展示
第五阶	集中评价（课尾）	1. 可线上测评。2. 企业人员测评一般线上进行	1. 可线下测评。2. 教师总结线下进行
第六阶	拓展延伸（课后）	1. 可线上完成。2. 可线上线下结合完成	1. 可线下完成。2. 可线上线下结合完成

（3）目标导向。

第一，目标清晰，方向明确。"人字梯型"教学模式如同"登云梯"一样，目标清晰（终点固定），方向明确（走向固定），操作实施中，一定要具体体现。

"人字梯型"教学模式包括两大类目标：一个是学生发展目标（教学目标）；另一个是教师发展目标。

学生发展目标（教学目标）分为 3 个维度：一是知识目标；二是技能目标；三是素养目标（见表 1-11）。要目标清晰，就要做到以下几点：

一是具体，就是符合本节教学内容的实际，一般来说只能用于本节教学，不能通用。知识目标要具体到知识点，技能目标要具体到技能点，素养目标要具体到素养点、思政点。二是明确，就是要明白、确定，不能模糊、模棱两可，不能产生歧义。每个知识目标的具体要求是什么，每个技能目标的具体要求是什么，每个素养目标的具体要求是什么，都要清晰。三是可测，就是要能评价，能打分，能判断是否掌握，或者掌握的程度。知识目标能用试卷试题测试，技能目标能现场操作测试，素养目标能对课堂表现、课后表现进行观测。

表1-11 "人字梯型"教学模式学生发展目标（教学目标）的具体要求

维度	要求	基本表述方式	说明
知识目标	具体明确可测	了解、能记住、能讲述、能运用、能创新 公式、方法、规则、原理、单词、生字、解释、文章	1. 了解：就是大致知道，是最粗浅的要求。 2. 能记住：就是记住了能原样默写、复述出来，是第二层次的要求。 3. 能讲述：就是在记住的基础上还能懂得，能讲给别人听，是第三层次的要求。 4. 能运用：就是能运用它解决问题，可以是在了解的基础上，也可以是在记住、讲述的基础上，是第四层次的要求。 5. 能创新：就是能在原有知识的基础上进行改变，产生新的正确的知识（方法、规则、公式等），是最高层次的要求
技能目标	具体明确可测	能按照什么要求（标准、规则）基本完成（完成、熟练完成、创新完成）操作（设计、讲解、解题、写作、应用、计算等）	1. 基本完成：就是能按要求基本完成操作，步骤正确，操作基本规范，结果基本符合要求，不出现严重失误、错误，是最浅层次的要求。 2. 完成：就是能按要求完成操作，步骤正确，操作规范，结果符合要求，不出现较大失误、错误，是第二层次的要求。 3. 熟练完成：就是能按要求熟练完成操作，步骤正确，操作规范，结果符合要求，速度快，方法对，效率高，不出现失误、错误，是第三层次的要求。 4. 创新完成：就是能用自己创新的方法、路径、手段、策略等完成操作，结果符合要求，不出现较大失误、错误，是最高层次的要求

续表

维度	要求	基本表述方式	说明
素养目标	具体明确可测	能形成　　　态度，能养成　　习惯，能践行　　精神	1. 能形成　　态度：这是认识层面的要求，能懂得，能相信，能认同（认可）。关键词：认同。 2. 能养成　　习惯：这是基本行为层面的要求，比认识高一个层次，在认识到位后还能有基本的行为体现，带有自我强制性质（自我要求）。关键词：行动。 3. 能践行　　精神：这是应用层面的要求，比行为层面高一个层次，在具有基本行为的基础上，形成自觉行动（下意识行动）。关键词：自觉行动

教师发展目标在下一节论述。

第二，师生共生，各有进阶。"人字梯型"教学模式追求的是师生共生，也就是在教学过程中，学生和教师都应该得到明确的发展，而不只是学生发展，教师应该在教学的过程中实现自我成长、课程生长。

为实现师生共生，特别设立了教师发展目标。

教师发展目标是本教学模式特有的专设目标。教师发展目标有3个维度（见表1-12）：一是内容目标，就是通过教学过程，对原有课程标准、教材中的教学内容（包括知识、技能）进行梳理，形成更清晰、准确的认知，提出合理内容、可淘汰内容、可增加内容的建议。内容目标的作用是为下一次人才培养方案、课程标准的修改做准备，为教材的开发积累素材，为今后相同教学内容的改造奠定基础。二是方法目标，就是在教学过程中，发现本教学内容更适合、更可行的具体方法，包括教学方法、学习方法、训练方法、组织方法等，主要是具体的小方法。方法目标的作用是为今后相同内容的教学优化积累素材，为提高自己的教学水平积累经验，为课堂教学改革奠定基础。三是教研目标，就是在教学过程中发现教研点，哪些现象可以写成教学案例，哪些问题可以作为小课题，哪些经验可以写成小论文，或者作为案例、课题、论文的一个点。教研目标的作用是培养自己的研究意识，为教学研究积累素材，提高教师"把论文写在课堂上""把课题做在课堂上"的能力。

教师发展目标的具体要求是具体、明确、可见。具体、明确与学生发展目标类似，不能假、大、空、虚。可见，就是要求目标结果看得见，要有清晰的表述，要"物化"再现，不能只是说说而已。

表 1-12 "人字梯型"教学模式教师发展目标的具体要求

维度	要求	基本表述方式			说明
内容目标	具体明确可见	类别	性质	具体内容	1. 合理：就是可以继续存在。 2. 可淘汰：就是不能继续存在，包括过时的、超范围的、本节无用的、学生基本学不会的、与学校学生实际不相符合的，等等。 3. 可增加：主要是根据校企合作、学校、学生、产业行业企业等实际需要增加的新技术、新规范、新工艺等，或者根据岗课证赛要求需要增加的，或者根据学生职业发展实际需要增加的，等等。 4. 知识点、技能点如果是教学重点、难点，需要标出。 5. 根据教师发展实际，内容的性质分类可以改变。
		知识点	合理	1. 2.	
			可淘汰	1. 2.	
			可增加	1. 2.	
		技能点	合理	1. 2.	
				1. 2.	
				1. 2.	
			可淘汰	1. 2.	
				1. 2.	

续表

维度	要求	基本表述方式			说明
内容目标	具体明确可见	技能点	可增加	1. 2.	
				1. 2.	
				1. 2.	
		类别	方法	说明	1. 方法要具体到某个教学、训练点上，要结合内容进行描述，不能泛泛而谈。 2. 写出的方法对自己、他人今后的教学要有提醒作用，否则就不写。 3. 一般每节课写3~5条即可，不能滥，不能泛
		教学方法	例：对材料的性质适合用表格进行梳理学习（建筑材料）		
		训练方法	例：锯的基本方法适合观摩、模仿、体会的训练方法（钳工加工与技能训练）		
		组织方法	例：餐巾折花适合两人对抗练习（中餐摆台）		

续表

维度	要求	基本表述方式			说明
内容目标	具体明确可见	类别	题目	说明	1. 论文点要求有明确的、有价值的观点，能从多个方面进行论述。 2. 案例点要求有典型的事实，有启发性，有借鉴作用。 3. 课题点要求有价值，能研究，会出结果。 4. 每节课能写出1~2点即可，关键是有价值，是真问题
		论文点	1.		
		案例点	1.		
		课题点	1.		

第三，目标分层，梯步推进。这里的目标分层主要是指学生发展目标要根据学生的具体情况进行分层，是因材施教在教学目标中的体现。目标分层的目的是要让每个学生都有所获，都有所成长，尽可能消除职业学校一部分学生睡觉的现象，也是通俗所说的"跳一跳，摘桃子"教学原理的运用。"跳一跳，摘桃子"是指维果斯基的"最近发展区理论"，他认为学生的发展有两种水平：一种是学生的现有水平，指独立活动时所能达到的解决问题的水平；另一种是学生可能的发展水平，也就是通过教学所获得的潜力。两者之间的差异就是最近发展区。教学应着眼于学生的最近发展区，为学生提供有难度但又能完成的内容，调动学生的积极性，发挥其潜能，实现教学目标的梯步推进。这里的"桃子"就是目标。中职学生由于基础差异大，"最近发展区"差异也大，同样的"桃子"有人摘得到，有人摘不到。如果"桃子"分层太多，教学难度很大，则难以实施。因此，只能在"桃子"分层和教学实施难度之间进行平衡，一般分为两层、三层比较合适。

"人字梯型"教学模式的教学目标分层一般有两层法、三层法两种。两层法就是将学生发展目标（教学目标）分为一层和二层，分别针对基础较差的学生和其他学生。三层法就是将学生发展目标（教学目标）分为一层、二层和三层，分别针对基础较差的学生、一般学生和基础较好的学生。这里要说明的是，教学中要尽量避免说到差生、优生之类的语言，不能给学生贴标签，给学生造成心理压力。最好让学生自己选择要达到的目标，并且鼓励学生一层一层地完成，梯步推进，有时候要通过设置"另类"目标创造机会让基础较差的学生也能达到较高层次的目标，激发他们的自信心，切忌给学生贴上"差生"的标签，这就要求教师有要较高的"教学艺术"。

目标分层的参照标准有难度分层、复杂度分层和要求分层，具体如表1-13所示。

表1-13 教学目标分层说明

类别	分层举例		
	第一层	第二层	第三层
难度分层	记住关键内容	记住基本内容	记住全部内容
	基本完成	完成	熟练完成
	养成初步习惯	养成基本习惯	养成良好习惯
复杂度分层	能完成单个任务	能完成多个任务	能完成综合任务
	能在他人协助下完成	能在他人指导下完成	能独立完成
要求分层	达到合格水平	达到良好水平	达到优秀水平
	达到初级工水平	达到中级工水平	达到比赛水平
	能对照参照物（图纸、操作指南、演示视频等）完成	能背离参照物独立完成	能创新完成

第四，任务分层，梯步提升。"人字梯型"教学模式的主要教学过程是学生完成任务（项目、活动），而这个任务也要分层。任务的分层与教学目标的分层不同，教学目标的分层带有终极性质，就如同登梯，有的学生是在老师同学的搀扶下勉强登上最后的阶梯，有的学生是自己独立登上最后的阶梯，有的学生是轻快跑步登上最后的阶梯，不同基础的学生要求

不同。而任务分层一般是所有的学生都要完成这些任务，但是这些任务被分为由低到高的多个层次，学生从低到高逐一按顺序完成。就如同登梯，先登上第一个平台，再登上第二个平台，再登上第三个平台，以此类推。

在过去的教学中，我们设置任务时通常没有考虑梯步分层，只是根据内容设置任务。将任务分层，然后梯步推进，这样做的好处是降低教和学的难度，符合学生由简单到复杂、由易到难的认知规律，符合中职学生的学习特点和基础。

任务分层实施的具体办法：第一步，根据教学目标，结合具体内容"载体"设置一个总任务；第二步，根据学生情况和教学内容，将总任务分解为2~4个由易到难、由简单到复杂的子任务；第三步，将子任务进行排序，并推敲梯步推进的合理性，完善具体要求和评价表。需要说明的是，这里的"任务"也可以是"活动""项目"，要根据不同的专业、不同的课程、不同的内容灵活选择。

任务分层需要注意3点：一是一定要有梯度，符合"梯步推进"的要求，不能是平行的；二是所有任务的总和与教学目标对应，不能减少，也不能超出；三是这里的"梯度"可以是难度，可以是复杂度，也可以是要求。比如，同样难度的任务，第一个任务模仿完成，第二个任务教师指导完成，第三个任务独立完成，这也符合"梯度"要求（见表1-14）。

表 1-14 任务分层的具体实施办法

任务	按难度分层举例	按要求分层举例	按复杂度分层举例
子任务一	容易	模仿完成	单一项目
子任务二	一般	教师指导完成	包含两个单一项目的组合项目
子任务三	较难	独立完成	包含多个单一项目的综合项目

三、历史演进

"人字梯型"教学模式是在分析我国中等职业教育发展与改革,尤其是职业教育的培养目标和教学模式的历史演进的基础上提出的,下文旨在通过历史梳理说明这一模式的继承性和时代性。

(一)我国中等职业教育改革与发展历程

当前学术界对我国中职教育改革与发展阶段的历史梳理多以新中国成立和改革开放为起点,不同学者的划分阶段也有所不同。例如,刘贞(2016)在其硕士学位论文中将改革开放以来的中职教育发展分为4个阶段:恢复与整顿时期(1978—1985年初);改革的全方位推进时期(1985—1990年);走向规范化、法制化发展时期(1991—1998年);体制创新与机制优化时期(1999—2008年)[①]。李玉静等(2018)将改革开放以来的中职教育发展分为4个阶段,并归纳了阶段性特征:1978—1987年,中职教育从作为教育结构改革的核心起步,走向高速发展;1988—1997年,在规模稳步扩张过程中实现了办学质量的提高、办学规范化水平的提升;1998—2007年,从大滑坡到迎来发展机遇;2008—2017年,从规模高峰到迈入现代化,又开始面临生源困境[②]。张文龙和谢颖(2019)提出新中国成立以来的职业教育发展大致可以归入3个大的阶段,即"前三十年、中二十年、近二十年",并划分了中职教育发展的5个阶段:1949—1980年的扩大规模阶段;1980—1991年的调整结构阶段;1991—2002年的健全规范阶段;2002—2015年的建设体系阶段;2015年至今的逐步开放阶段[③]。此外,还有一些研究对某一地区(广东、福建等)或某一群体(少数民族)的中职教育改革发展进行了历史梳理。结合相关学者对中职教育发展阶段的分期,本书将中职教育发展分为:改革开放前的中职教育的探

---

① 刘贞. 改革开放以来我国中等职业教育发展研究[D]. 保定:河北大学,2011.
② 李玉静,岳金凤,房巍,刘海. 夯实现代职业教育的发展基础——改革开放以来中职教育发展历程、贡献与展望[J]. 职业技术教育,2018,39(12):6-17.
③ 张文龙,谢颖. 新中国成立70年中职改革发展回顾与展望——基于中职相关政策梳理的视角[J]. 教育科学论坛,2019(36):17-23.

索建立期(1949—1977年),改革开放到世纪末的结构化、规范化时期(1978—1999年),21世纪初到党的十八大以前的体系化、现代化时期(2000—2011年)以及党的十八大以来的内涵式、高质量发展期(2012年—)。

1. 1949—1977年：探索建立阶段

新中国成立初期，教育主要为了服务革命工作和国家建设以巩固新生政权。1949年12月，新中国第一次教育工作会议上提出，中等学校着重向中等技术学校发展，培养大批中级建设干部。1951年，政务院发布《关于改革学制的决定》，其中对中等专业学校的学制作出规定，中职教育进入探索建立期。随后政务院发布了一系列推动中职教育发展的文件：《关于整顿和发展中等技术教育的指示》（1952）、《关于改进中等专业教育的决定》(1954)、《关于高等学校和中等技术学校下放问题的意见》(1958)等重要文件，中职教育规模快速提升。"大跃进"期间的盲目扩大规模以及"文化大革命"时期对教育事业的消极影响打断了中职教育的发展，但总体来讲，改革开放前的近30年间，中职教育在极其复杂的政治环境下仍然获得了一定发展，尤其是奠定了中职教育作为一种类型教育的历史基础，为新中国成立初期的经济社会建设输送了大批技术技能型人才。数据显示，1949年全国中等职业学校（中等专业学校、技工学校）有1174所，在校生23.15万人，而到1978年中等职业学校数量增加到了4773所，在校生人数增加到了127万人[①]。

2. 1978—1999年：结构化、规范化发展阶段

改革开放后，产业结构的大规模调整对技术技能人才结构提出了要求。职业教育改革成为教育领域改革的重点之一。1978年，邓小平在全国教育工作会议上提出：要共同努力，使教育事业的计划成为国民经济计划的一个重要组成部分。这个计划应该考虑各级各类学校发展的比例，特别是扩大农业中学，各种中等专业学校、技工学校的比例。1980年，国务院批转了教育部和国家劳动总局《关于中等教育结构改革报告》；同年，教

---

① 教育部统计数据，http://www.moe.gov.cn/s78/A03/moe_560/2020/.

育部召开全国中等专业教育工作会议；1983年，中共中央国务院发布的《关于加强和改革农村学校教育若干问题的通知》提出要"改革农村中等教育结构"；同年，教育部等四部门发布《关于改革城市中等教育结构、发展职业技术教育的意见》，明确提出要"进一步明确改革中等教育结构、发展职业技术教育的方向、途径和要求"。这些文件明确了中职教育在我国教育结构中的地位。1985年发布的《中共中央关于教育体制改革的决定》中明确提出，要使中职教育招生数占中等教育招生比例的50%。在结构化改革的同时，中职教育的规范化发展开始起步。1991年召开的第二次全国职业教育工作会议提出要"逐步使我国的教育体系成为普通文化教育与职业技术教育并重，相互衔接、相互渗透和相互促进的教育体系"。同年国务院发布的《关于大力发展职业技术教育的决定》和1993年发布的《中国教育改革和发展纲要》是指导20世纪90年代中职教育改革发展的纲领性文件，使中职教育发展的规范性进一步加强。随后，一系列关于中职教育的政策文件从学制、办学条件、专业设置、教育教学、师资队伍等方面对各种类型中等职业教育进行规范；1996年，新中国建立以来第一部专门规范职业教育活动的法律《职业教育法》正式颁布，这标志着中职教育体制基本建立，学制基本稳定，中职教育制度得到法律确认。10余年间，中职教育得到了迅速发展。20世纪末，中职教育（中等专业学校、技工学校、职业中学）的学校数量增长到16 287所，在校生人数增长到1132万人①。

3. 2000—2011年：体系化、现代化阶段

20世纪末发布的两个重要政策文件《面向21世纪教育振兴行动计划》（1998）、《关于深化教育改革全面推进素质教育的决定》是21世纪初中职教育体系化和法制化发展的前奏。2000年，教育部颁发了《关于全面推进素质教育，深化中等职业教育教学改革的意见》，素质教育理念开始全面指导中职教育领域的改革。2002—2005年，召开的3次全国职业教育工作会议均强调要继续扩大中职教育的招生规模。规模扩张的要求在国务院于2002年发布的《关于大力推进职业教育改革与发展的决定》中得到

---

① 教育部统计数据，http://www.moe.gov.cn/s78/A03/moe_560/2020/.

突出强调："保持中等职业教育与普通高中教育的比例大体相当……要扩大农村中等职业教育的招生规模……为农村和西部地区培养留得住、用得上的实用人才。"同时，文件中还首次提出要"构建现代职业教育体系"。2004年，第五次全国职业教育工作会议发布的《关于进一步加强职业教育工作的若干意见》提出要在高中阶段继续调整普职教育的比例，重视职业院校的办学特色和办学质量，且提出了"每个县要重点办好一所中等职业技术学校或职业教育中心"的目标。2005年，国务院发布《关于大力发展职业教育的决定》，明确提出要建立和完善"有中国特色的现代职业教育体系"，并和"三农"问题、就业再就业等问题紧密联系。随后发布的《关于编制中等职业教育基础能力建设规划的通知》（2006）、《关于进一步深化中等职业教育教学改革的若干意见》（2008）和《中等职业教育改革创新行动计划（2010—2012年）》（2012）等重要文件从发展定位、目标、规模、教育教学改革、经费等方面细化了教育体系建设的各项工作。2010年《国家中长期教育改革和发展规划纲要（2010—2020年）》开启了我国中职教育全面现代化发展的时期，提出"到2020年，形成适应经济发展方式转变和产业结构调整要求、体现终身教育理念、中等和高等职业教育协调发展的现代职业教育体系，满足人民群众接受职业教育的需求，满足经济社会对高素质劳动者和技能型人才的需要。根据经济社会发展需要，今后一个时期总体保持普通高中和中等职业学校招生规模大体相当"。2011年，中职学校数量为13 093所，在校生规模达到2204万人[①]。

4. 2012年以来：内涵式、高质量发展阶段

2012年，党的十八大报告提出要加快发展现代职业教育。2013年，党的十八届三中全会决议通过的《关于全面深化改革若干重大问题的决定》提出要"加快现代职业教育体系建设，深化产教融合、校企合作，培养高素质劳动者和技能型人才"。2014年，第七次全国职业教育工作会议在北京召开，习近平总书记作出了重要指示，提出要更好支持和帮助职业教育发展，引导社会各界特别是行业企业积极支持职业教育，努力建设中

---

① 教育部统计数据，http：//www.moe.gov.cn/s78/A03/moe_560/2020/.

国特色职业教育体系，为实现"两个一百年"奋斗目标提供人才保障。随后，《国务院关于加快发展现代职业教育的决定》（2014）、《现代职业教育体系建设规划（2014—2020年）》（2014）、《国家职业教育改革实施方案》（2019）3个纲领性文件相继颁发，成为推动中职教育内涵式、高质量发展的纲领性文件。在质量建设成为中职教育发展的主要基调的政策背景下，国务院和教育部等职能部门从师资队伍建设、校企合作、集团化办学专业目录、教学标准、学校管理、教学质量评价和中高职衔接等方面对中职教育的发展作出了规定，先后发布了《中等职业学校教师专业标准（试行）》（2013）、《中等职业学校专业教学标准（试行）》（2015）、《关于深入推进职业教育集团化办学的意见》（2015）、《关于深入推进职业教育集团化办学的意见》（2015）和《建设产教融合型企业实施办法（试行）》（2019）等重要文献，形成了新时代中职教育内涵式、高质量发展的政策体系，我国已全面建成中国特色的现代职业教育体系①。2020年，中职学校数量为9896所，在校生规模达到1663万人②。

总的来看，我国中职教育改革经历了从借鉴国外经验到走中国特色道路、从强调教育的规模效应到强调质量建设和内涵式发展、从注重中职教育的工具性到注重中职教育的教育性和人本性的转变，中职教育的类型特征进一步深化，中职教育的社会开放程度不断提高，产教融合和产学合作的经验不断累积。

（二）中等职业教育培养目标的演进过程

关于中职教育培养目标的研究主要包括对培养目标的历史演进、对某一专业的培养目标的探讨（如学前专业、会计专业）、对中高职衔接的培养目标的研究3个方面。在此，主要梳理我国中职教育培养目标的演进历程，因为人才培养目标直接决定了中职学校教育教学工作的方向和任务。

新中国成立以来，我国中职教育的培养目标经历了数次改变，表现出

---

① 刘晶晶，和震. 现代职业教育体系建设的中国方案[N]. 中国教育报，2019-10-22（10-11）.
② 教育部统计数据，http：//www.moe.gov.cn/s78/A03/moe_560/2020/.

由"社会本位"转向"个人本位"、由就业导向转向升学和就业导向并重、由培养专门人才转向复合型人才等特征①。表 1-15 梳理了主要政策文件和关于职业教育的工作会议中对中职教育培养目标的论述。

表 1-15 我国中等职业学校培养目标的历史演进

年份	出处	培养目标
1951	第一次全国中等技术教育会议	培养大批具有一般文化科学基本知识，掌握现代技术，身体健康，全心全意为人民服务的初、中级技术人才
1951	《政务院关于改革学制的决定》	培养工业、农业、交通、运输等方面的中级和初级技术人才
1954	《中等专业学校章程》	培养具有马克思列宁主义基础知识、普通教育的文化水平、基础技术的知识，并能掌握一定专业的、身体健康、全心全意为社会主义建设服务的中等专业干部
1955	《发展国民经济第一个五年计划》	中等专业教育的重点是培养工业的技术干部和管理干部，同时，适应农业合作化运动的迅速发展，注意培养农业的技术干部和管理干部
1961	《劳动部关于颁发技工学校通则的决定》	技工学校是培养具有社会主义觉悟、中级技术水平和中等文化程度的技术工人的学校
1963	《教育部关于制定全日制中等专业学校教学计划的规定（草案）》	培养具有爱国主义和国际主义精神；具有相当高中程度和中等专业人才必需的文化基础知识，掌握本专业的基础理论、专业知识和实际技能，获得从事本专业工作，解决实际问题初步能力。工科、农科、林科专业要求学生具有组织管理生产的初步知识，具有健康的体质

---

① 宋晓欣，闫志利，杨帆. 中职教育人才培养目标的历史演变与现实定位[J]. 教育与职业，2015（33）：10-13.

续表

年份	出处	培养目标
1979	《全日制中等专业学校工作条例（征求意见稿）》	培养社会主义革命和社会主义建设所需要的各种中等专业人才
1985	《关于教育体制改革的决定》	社会主义现代化建设不仅需要高级科学技术专家，而且迫切需要千百万受过良好职业教育的中初级技术人员、管理人员与其他受过良好职业培训的城乡劳动者
1986	《劳动人事部和国家教委关于技工学校工作条例的规定》	思想政治方面　　　；操作技术方面，培养学生熟练地掌握本工种（专业）的基本操作技能，完成本工种（专业）中级技术水平的作业，养成遵守操作规范和安全生产、文明生产习惯；文化技术知识方面　　　；身体方面
1990	《国家教委关于制订职业高级中学（三年制）教学计划的意见》	培养中级技术工人、具有中等技术水平的农民、中等管理人员、技术人员和其他从业人员
1990	《关于制定成人中等专业学校教学计划的原则意见（试行）》	培养热爱社会主义祖国，坚持四项基本原则，有良好职业道德的具有必备的基础知识、专业知识和相应的文化知识，有较强实际工作能力的应用型中等专业人才
1996	《中华人民共和国职业教育法》	对受教育者进行思想政治教育和职业道德教育，传授职业知识，培养职业技能，进行职业指导，全面提高受教育者的素质
1998	全国中等职业教育教学改革工作会议	培养与社会主义现代化建设要求相适应，德智体美等全面发展，具有综合职业能力，在生产、服务、技术和管理第一线工作的高素质劳动者和中初级专门人才
2002	《国务院关于大力推进职业教育改革与发展的决定》	培养受教育者的专业技能、钻研精神、务实精神、创新精神和创业能力，培养一大批生产、服务第一线的高素质劳动者和实用人才

续表

年份	出处	培养目标
2014	《现代职业教育体系建设规划（2014—2020年）》	为初高中毕业生开展基础性的知识、技术和技能教育，培养技能人才
2019	《国家职业教育改革实施方案》	积极招收初高中毕业未升学学生、退役军人、退役运动员、下岗职工、返乡农民工等接受中等职业教育；服务乡村振兴战略，为广大农村培养以新型职业农民为主体的农村实用人才

总体来看，我国对中职教育的人才培养目标的演进与社会政治经济发展状况相符合，中职教育尤其对接经济发展对技术人才的需求，基本遵循了培养高素质的适应产业结构调整的技术人才这一主线。从培养目标的维度来看，基本包含了对基本素质、知识和专业技能、综合能力和素质、身体素质以及发展性职业能力的规定，这反映了培养全面发展的社会职业人的职业教育理念。

（三）关于中等职业教育教学模式的学术脉络

中职教育教学模式改革是教育教学改革的重要构成。从国家政策层面看，新中国成立以来，国务院和各职能部门颁发了大量关于中职教育教学的相关政策文件，但主要关注的是专业建设与管理，教学计划、教学大纲的制订与管理，教学理念与教学原则，培养目标与学制，课程结构与课程体系，教材建设与发展等方面[1]，对教学模式的论述不够系统，通常只有简单的描述。例如，《教育部关于进一步深化中等职业教育教学改革的若干意见》（2008）提出要努力形成以学校为主体，企业和学校共同教育、管理和训练学生的教学模式。因此，在此主要梳理国内外关于中职教育教学模式的学术研究，从而为"人字梯型"教学模式提供学术依据和实践依据。

---

[1] 孙琳，徐桂庭. 我国中等职业教育教学改革发展的脉络与变迁——基于教学政策文件的分析[J]. 职教论坛，2015（3）：4-15.

我国关于中职教育教学模式的研究主要有 3 个方面：某一特定教学模式在中职学校（或某一专业）的应用；特定理论或价值取向指导下或者一定背景下的中职教育教学模式；国外职业教育模式对我国中职教育的启示。

1. 某一特定教学模式的教育应用研究

从教学模式看，项目教学、理实一体化教学、混合式教学、翻转课堂教学、校企合作教学、SPOC 教学、微课、三全育人教学和多模态教学模式等是常用的教学模式；从专业跨度来看，基本囊括了中职教育的大部分专业，包括学前教育等师范类专业，计算机、电工等理工类专业，金融、会计等人文社科类专业，以及语文、英语、数学、思想政治等通识类课程。

2. 特定背景下的中职教育教学模式发展研究

这方面的研究主要是基于一定理论基础或价值取向提出的特定的教学模式以及在一定背景下提出的教学模式。从理论基础来看，指导中职教育教学模式的理论来源包括协同教育理念、协作学习理念、社会学习理念、创客教育理念、工匠精神、STEM 教育理念、心理与学力理论、陶行知的教学做合一理论、创新创业教育理念、素质教育理念、多模态理论、产教融合职业教育理念等，教育学和心理学领域的理论对中职教育教学模式有重要的指导作用。从价值取向来看，主要包含就业或职业导向、核心素养导向、职业能力视角和职业素养视角。从教学模式的提出背景来看，主要包括信息技术背景（人工智能、互联网+、大数据）、智慧教育背景、现代学徒制背景、精准帮扶背景和国际合作办学背景等。也即是说，中职教育教学模式改革是基于国内外经济、信息技术以及教育背景的产物。

3. 国外职业教育教学模式的借鉴研究

从新中国成立初期教育学习苏联到新时代强调走中国特色的发展道路，我国职业教育发展是在借鉴国外经验的基础上逐渐发展起来的，当前中职教育教学中仍然借鉴了一些国外较为典型的教学模式。

（1）双轨学徒模式。

双轨学徒模式（双元制）涉及企业行业和职业院校制订平衡的培训计划。企业提供实践技能培训，而学校则为学徒提供理论培训。这一模式已经在德国、瑞士和澳大利亚广泛使用。这种教学模式由国家立法支持、校企合作共建，主要作为学校和工作场所之间的过渡，大多数"学徒"的年龄为 16~19 岁，培训时间为 2~3 年。之后学生通常会获得由商会或行会授予的行业认可资格。学生不需要支付费用，且可获得少量的工资，一般为每月 300~600 欧元。这一教学模式的优势在于学生能获得在课堂上无法获得的真实、实用的工作经验。

（2）基于能力的教学模式。

基于能力的教学模式强调学生能力的发展，工会、企业等参与制定各专业的能力要求，因此更多考虑社会的实际需要。这一模式得到了雇主的支持，他们不仅非常重视某一特定职业的职业教育，而且考虑到技术进步所需知识和技能的职业教育。能力指广泛的职业领域，以理论知识、普通教育以及社会和个人能力（如自主决策）为基础。具体来看，基于能力的教学模式有如下特点：与职业相关的能力是综合性的，而不是累积性的，反映了在职业背景下知识与实践的整合；通过职业教育获得的资格认证具有双重价值，既可以作为学生进入劳动力市场的凭证，也是进一步学习的基础；国家政府是教育系统的中心角色，是职业教育的主要提供者，国家有责任确保工人"合格"，并符合国家规定的职业资格。这一模式强调培养学生的实践能力，因此学生能很快适应工作岗位（见表 1-16）。

表 1-16 一般"能力本位"教学模式解构

要素		基本要求	基本做法	现实中存在的问题
人（教学主体）	教师和学生	教师主导，学生主体	教师讲、示范、指导，学生听、模仿、练习	教师主导作用突出，学生主体作用弱化，主导与主体的具体要求、做法不清楚
	学生和学生	小组合作，团队共进	分组学习和集体学习共存	分组、协作都是浅层次的，形式大于内容，过程大于效果

续表

要素		基本要求	基本做法	现实中存在的问题
事（教学行为）	教和学	精讲、多练，示范、模仿	基本流程：课前预习，课头引入，课中讲解训练，课尾总结，课后作业。基本方法：讲少做多，教少学多，先讲后做	教为主，学为辅；教主导学，学大多被动跟随；学的主动性、客观性、差异性、评价性体现得不明显
	学和做	学做合一，学做交替	一般先学后做，区分明显；听读为学，练习作业为做	学得多，做得少；学做很少合一；教师对学做的概念、做法认识不到位
	工和学	工学交替，理实一体	一般以理实一体体现，工主要是操作训练	学体现充分，工很少；工的两大主体工作过程、生产过程在教学中很少
	线上学习和线下学习	线上线下共用，线下为主，线上辅助	线上主要提供平台、资源，辅助线下教学	选择线上线下没有明显标准，往往为了线上而线上
物（教学内容和场所）	教材和资源	教材为主，资源为辅	教学跟着教材走，资源起点睛、破难、自学、练习作用	把教材当标准，把资源当佐料
	知识和技能	知识够用，技能熟练	知识来自教材，讲透；技能来自教材和教师经验，适度	重知识，轻技能；知识到位，技能欠缺；知识明晰，技能模糊
	教室和实训室	多媒体教室，一体化实训室	专业课一般在实训室完成教学任务，讲练结合方式	理实一体化的"一伝化"体现粗浅
	品德素养和知识技能	必须有知识、技能、素养三维目标，必须实行课程思政	教学设计有三维目标，教学实施知识、技能目标可见，素养目标、课程思政融于教学过程之中	素养目标、思政目标不具体，使素养、思政内容模糊，实施效果不明显

续表

要素	基本要求	基本做法	现实中存在的问题
物（教学内容和场所）	课程标准和职业标准	课程标准是基本教学要求，职业标准起参考作用	具体教学过程一般不看标准，主要以教材为主	课程标准的制定、更新滞后，现有课程标准的合理性存疑，职业标准普及不够，导致两个标准的作用发挥不明显

（3）"三明治"教学模式。

"三明治"教学模式最早产生于高等教育阶段，由在学校的学习时间和与专业相关的实习时间两部分构成。这种方法可以使学生在攻读学位期间积累工作经验，毕业时不仅获得学历证书，而且具有实际工作能力。"三明治"教学模式可以是"厚"的一个长期实习，也可以是"薄"的两个或更多更短的实习期。由于对实习的强调，这一模式被引入职业教育中。它是指采用学校学习和企业实习两种交替进行的方式培养学生的职业能力和综合素质，使学生在学到专业知识的同时，在实际的工作岗位中积累工作经验，从而具备工作能力。这一模式的优势在于能使学生的理论学习和职业实践有机结合，但对企业的要求较高。

（4）技术支持的教学模式。

数字化转型导致工作和生活所需的技能组合发生巨大变化，成功使用数字技术也是实现可持续发展目标的关键因素。在职业教育领域，全球范围都越来越重视利用信息技术（ICT）支持职业教育。ICT 由于其高响应性、需求驱动特征而被广泛应用于职业教育中。ICT 被引入职业教育主要有如下原因：知识经济的要求、工作场所 ICT 的增加、增加初级职业教育和培训机会的需求，需要提供持续专业发展、继续技能培训和技能提升的机会。混合学习教学模式是 ICT 支持的教学模式的典型。这一模式强调技术支持的教学方法和传统教学方法的整合，结合了课堂、户外、社区和工作场所的面对面教学或基于活动的学习，以及基于计算机或在线的学习。数字化手段和资源用于补充面对面学习。与此同时，这种模式提供了一个学生—学生、学生—内容和学生—教师之间的交互和通信支持，让学生可以灵活地控制时间、地点、路径或步骤以满足学习要求。这一模式的优势在于整合教育资源以最大限度地满足学生的教育需求。

总的来看，国外的职业教育教学模式都强调培养学生的职业能力，且都关注到了校企合作的重要性；学生的主体性均被强调。这些职业教育教学模式为我国探索中职教育教学模式提供了借鉴，但需要结合我国的国情、区情和学情进行本土化调适，探索适合我国实际的职业教育教学模式。

从以上历史和文献梳理来看，"人字梯型"教学模式的提出具有一定的合理性：在教学内容上从知识本位观转向能力本位观；在教学地位上，从教师中心转向学生中心；在教学方法上，从单一的传授法转向多元的、信息技术支持的教学方法；从价值导向看，从就业导向转向就业和升学双重导向；从培养目标来看，从培养专门的技能人才转向培养复合型高素质技术人才。

第二章

"人字梯型"
教学模式的理论基础

任何一种教学模式的建立都有一定的基础理论支撑。"人字梯型"教学模式是在自我导向学习理论、支架式教学理论、人的全面发展理论、终身教育理论、社会认知理论、产教融合理论6大基础理论的指导下建立和发展起来的。"人字梯型"教学模式主要蕴含了个人价值、教育价值和社会价值。其中，支架式教学理论、自我导向学习理论，强调方法性、主观性，聚焦个人价值；人的全面发展理论、终身教育理论，强调生长性、过程性，突出教育价值；社会认知理论、产教融合理论，强调社会性、效能性，注重社会价值。

一、支架式教学理论

（一）支架

在教育领域中，布鲁纳（Brunner）于1978年最早提出了"支架"的理论概念，逐渐脱离在建筑领域中主要指支撑建筑物的脚手架的含义，变成在教育心理学中辅助和引导学生解决学习问题过程中的"桥梁"作用的概念。Donato（1994）则将"支架"视为一种情境，情境中有知识的参与者能够一起为新手们创造一种支持条件，使新手能够跨越现有的知识技能水平达到更高的层次。Nassaji 和 Swain（2000）对"支架"下了更为宽泛的定义，突破了"知识和技能"的局限，认为"支架"指的是专家和学习者在学习者个人的最近发展区领域内的合作。

"支架"从一开始便进入情境，并随着情境中学习者能力水平的增长，逐渐减少直到最后完全撤销，使学习者最终能够在没有帮助的情况下独立地完成学习任务。在这个过程中，提供的"支架"也应当随着学习者实际发展水平的变化而相应地上升到更高的层次，同时"支架"提供的数量会逐渐减少，"支架"被撤销的过程并不是一蹴而就而是一步一步实现的。

（二）支架式教学

支架式教学是当前发展得较为成熟的一种建构主义教学理论，然而学术界对支架式教学的概念界定尚未明确统一。Wood 等（1976）认为支架式教学是幼儿、新手在比他们更有能力的人的帮助之下解决问题和完成任务，或是达到他们在没有帮助情况下所不能达到的目标的过程。Dickson（1993）提出支架式教学是一个系统有序的支持过程，通常会提供提示内容、材料、任务以及相应的教学人员等改善教学。而目前比较有影响力和更为广泛使用的有关支架式教学的定义是 1995 年欧共体在《远距离教育与训练项目（DGXIII）》相关文件中的定义：支架式教学（Scaffolding Instruction）是为学习者增强知识理解提供一种概念框架（Conceptual Framework），这种框架将会帮助学习者对问题进行深入理解，同时这个框架会事先将复杂的学习任务进行分解，以便学习者的理解能够逐步深入。总的来说，支架式教学就是依靠教师引导而开展教学，在引导过程中使情境内的学习者在掌握技能、建构联系和内化知识的过程中获得支持，从而能够进行更高水平的认知活动。可以简单地将"支架"理解为教师的帮助和指导，"支架"撤掉的过程就是管理学习的主动权逐渐从教师转移到学习者自己身上，最后完全撤去"支架"，学习任务变成学生个人主导。支架式教学强调的是学生在教师的帮助和指导下发挥主观能动性进行自主学习，强调指导过程中教师对学生知识掌握情况的把握和判断，教师需要拥有能够在撤销指导和学生学习之间找到平衡的能力。

总而言之，支架式教学是一种基于建构主义的教学方法，它以学习者当前的能力与发展水平为基础，系统地、有针对性地帮助和引导学习者，发挥学习者的主动性、创造性等，在一定的情境中开展合作、交流等学习活动，最终在没有外界帮助的情况下实现知识的自主建构。

（三）支架式教学的理论基础

1. 行为主义理论

美国心理学家桑代克（E. Thorndike）和斯金纳（B. Skinner）是行为主义理论的代表人物，"刺激-反应联结"理论和"操作性条件"理论是行为主义理论中重要的基础理论，为支架式教学理论的发展奠定了基础。

在桑代克以前，学术界普遍认为人类是通过经验获得知识的，学习是由观念的联想构成的。桑代克使用动物进行了实验,提出了教育心理学史上第一个较为完整的学习理论——联结主义理论。联结主义理论认为学习的实质是建立情境与反应之间的联结,而且这种刺激与反应之间的联结是直接的,不需要中介的作用。他还提出了著名的"试误"说,认为学习的过程是一个渐进的、盲目的、不断尝试错误的过程。在试错的过程中随着错误反应的逐渐减少和正确反应的逐渐增多,最终会形成刺激与反应之间的牢固联结。他认为动物学习的基本方式可以归纳为"试误"学习,人类的学习方式虽然比动物的学习方式更为复杂,但是"试误"也能够在一定程度上解释人类的学习。基于大量实验的结果,他还提出了学习的准备率、效果率和练习率。其中,准备率指的是学习者是否会对某种刺激做出反应与他的准备情况有关;效果率指的是当个体的反应会对环境产生某种效果的时候,学习便会发生,同时反应联结的强弱与产生效果相关,若产生的效果是令人满意的那么刺激反应联结就越强;练习率指的是形成的联结不断强化,这种联结就会增强。一般来说,当学习者发现重复的刺激能够获得满意效果时,这时候的刺激才有助于学习,没有强化的练习是没有意义的。

　　斯金纳提出了"操作条件反射"理论,该理论认为人或者动物为了达到某种目的,会采取一定的行为作用于环境。当行为产生了有利于人或者动物的结果时,这种行为便会继续出现,当行为产生的结果对人或者动物来说是消极的结果时,这种行为便会逐渐消失。在干预人们学习的过程中通常会采用这种办法来影响最终的行为结果,这种方法又被称为正强化和负强化,这便是强化理论。在强化理论中,强化的类型可以分为3种。第一种是正强化,指的是人们采取某种行为时能够得到令其满意或愉快的结果,为了持续获得这样的结果人们趋向重复这种行为,这种结果成为推动人们行为的持续力量,因此又被称为积极强化。第二种是负强化,指的是人们的行为结果是令行为主体不满意或者是不愉快的,通常这种行为是不符合某种要求的,在实践中这种行为会被否定。正强化和负强化都能够加强行为,而能够减少某种行为或者是逐渐降低反应频率的刺激或者事件属

第二章 "人字梯型"教学模式的理论基础

于惩罚。第三种是自然消退，原先可以接受的某种行为在一定时间内缺乏强化，在这种情况下，此行为将会自然减少并逐渐消退。强化的主要功能便是按照人的心理过程和行为规律等特点对人的行为进行的一个引导，并且是对人类行为的规范、纠正、限制和改造。它对人的行为的影响是间接的，通过行为结果的反馈性质来影响行为主体，人们会根据这种反馈主动地适应环境刺激并不断调整自己的行为。

基于"操作性条件反射理论"和"强化理论"及其相应的实验基础，斯金纳还提出了著名的"程序教学"思想。"程序教学"属于个别化教学，是一种基于学生个体的速度和水平，用特定的顺序和小步子安排材料的教学方法。程序性教学共有5个原则。第一个是积极反应的原则，该原则要求教学引导者要让学生始终处于积极学习的状态，在教学活动过程中使学生产生一个反应，需要采取强化或奖励巩固该反应并推动学习者做出下一步的积极反应。第二个是小步子原则，强调学习过程的循序渐进，将教学材料分解成一步一步的，前一步的学习将会为后一步的学习做铺垫，每一步按照层次递增进行且难度相差较小，学习者的学习容易获得成功并建立起自信。第三步是及时反馈原则，程序性教学非常强调反馈的及时性，能够有效帮助学生树立信心、保持行为的有效措施。第四步是自定步调原则，程序性教学允许学习者按照自己的能力水平等实际情况来确定个人掌握知识的速度。

行为主义理论的很多观点对支架式教学有着重要的影响，尤其是"程序教学"思想和支架式教学的思想有很多共通的地方，不同的是支架式教学更加强调学生的主观能动性，强调学生最终获得独立自主的学习能力。

2. 认知发展理论

和行为主义理论不同，认知发展理论跨越外在的行为表现更关注内在的心理过程。认知发展理论是在对行为主义的批判和对内在心理过程的关注中产生的。认知发展理论的主要代表人物是加涅、奥苏贝尔，他们的认知发展理论为支架式教学提供了崭新的解读视角。

加涅提出了"学习条件"理论，他认为学习是内在认知过程和外部环境相互作用的结果,学习是一种将外部环境刺激转化成为某项新技能所需的内部信息的过程。他提出了学习所需要的外部条件和内部条件,其中外部条件指的是促进学习活动所需的环境刺激,内部条件指的是曾经获得过的知识、技能、态度、动机等,这两种学习条件在各种类型的学习活动中都是必不可少的。加涅认为人类的学习是复杂的、有层次性的,学习活动总是从简单低级的学习向复杂高级的学习发展,形成递进的层次与水平,完成先前的简单低级学习是复杂高级学习的基础。加涅认为学习活动由学习者、刺激情境、记忆内容和动作4个要素组成,学习过程的层次可以划分为8个层次,从低级到高级分别是信号学习、刺激-反应学习、连锁学习、言语联结学习、辨别学习、概念学习、规则学习、解决问题的学习。人类学习的结果可以分为言语信息、智力技能、认知策略、运动技能和态度5种,学习的过程阶段会经历动机阶段、领会阶段、获得阶段、回忆阶段、概括阶段和反馈阶段。根据加涅的理论,支架式教学过程中对学生最近发展区的确定便是对学习内部条件的准备情况的了解,而支架式教学的支架系统对应的则是学习的外部条件,相应的支架式教学中支架逐渐撤离的过程和加涅的学习阶段过程有着相似的规律特点。

　　奥苏贝尔的代表性理论是"有意义的学习"理论,他认为有意义的学习区别于机械学习。有意义学习是符号所代表的新知识与学习者原有的认知结构中已有的适当观念建立起非人为的和实质性的联系的过程。判断是否为有意义学习有两条标准,分别是建立实质性联系,新知识和旧知识的联系是非人为的、非任意的,这也是机械学习和有意义学习的关键区别。而要想进行有意义学习必须要具备3个前提条件:一是学习的材料本身必须是具备逻辑意义的,也就是说学习材料本身和人类学习能力范围之内的相关概念是可以建立起非人为和实质性的联系的。二是学习者本身需要具有有意义学习的愿望,学习者具有积极主动地在新知识和已经有的适当概念之间建立起联系的倾向,倘若缺乏有意义学习的意愿,尽管拥有有意义的学习材料也无法推动有意义学习的发生。三是学习者的认知结构中需要有能够同化新知识的适当观念基础,即有意义学习的发生建立在学习者已有的认知结构之上。奥苏贝尔认为有意义学习的发生必须是在上述3个条件同时具备的情况下，新学习的材料的逻辑意义将会转化为学习者的潜在意义，最终能够达到对新知识的理解，从而获得心理意义。与奥苏贝尔的观点一样，支架式教学倡导的同样是有意义的学习，在支架式教学过程户也要注意将支架教学呈现的教学任务和学生已有的知识经验相联系，同时支架还需要起到激发维持学生主动学习意愿的作用。

3. 建构主义理论

建构主义理论关注的是原有的经验、心理结构和信念作为知识建构的基础，强调学习的主动性、社会性和情境性，将学习看作是一种双向性的建构过程，强调学习活动过程中学习者的主体地位即以学生为中心。建构主义理论以皮亚杰和维果茨基的理论为代表。

皮亚杰认为认知是一种连续不断的建构，涉及同化和顺应两个基本过程。其中，同化是认知结构的数量上的改变，是个体将外界刺激所提供的信息整合到自己原有的认知结构内的一个过程；顺应是认知结构性质上的改变，是个体的认知结构因为外部刺激的影响从而发生了改变的过程。个体在认知过程中通过同化和顺应这两种形式来达到与周围环境的平衡，并逐步建构起个体的知识结构，最终在平衡、不平衡、新的平衡这种循环反复中不断地丰富和发展个体的认知结构。

维果茨基的社会互动理论与最近发展区理论是支架式教学理论最直接的理论基础。社会互动理论认为社会环境在学习活动过程中具有重要的作用，社会因素和个人因素共同促进学习的发生。维果茨基认为人的心理机能可以分为低级心理机能和高级心理机能两种，其中，低级心理机能指的是个体进化的结果，是个体早期以最直接的方式和外界相互作用时表现出来的一个自动化的过程；高级心理机能则是历史产物进化的结果，通常以符号系统作为中介，这是人区别于动物的特征。在人的认知发展过程中，社会行为能够帮助解释意识变化的现象并建立起心理和行为的统一。"最近发展区"是维果茨基思想理论的核心，指的是学习者现有的水平与在外界帮助下能够达到的较高水平之间的差距。每个人当前所表现出来的是现实发展水平，个人在学习之后能够表现出来的是潜在发展水平，最近发展区便是个体现实发展水平和潜在发展水平之间的距离。"最近发展区"注重学习者的主体作用，以及与教师和同伴、社会环境之间的互动对学习者自身知识建构的重要作用。

（四）支架式教学的操作模式

支架式教学模式一般由创建教学情境、搭建教学支架、独立探索研究、合作互助学习和评估学习效果等相关步骤组成。第一阶段教师要确定一个教学主题，主要要素为学生掌握知识和要解决的主要问题。第二阶段是为学生搭建教学支架，以本次教学主题所学内容为主要发展区并提出相关问题让学生思考，在此过程中培养学生讨论、思考、探索、相互学习的能力。第三阶段是学生独立探究阶段，在此阶段学生应主动发现问题、分析问题、利用已有知识为支架支点拓展相关知识的深层次含义，积极沿着已搭建的知识支架循序渐进地独立学习探索新知。在此阶段，教师并不完全独立于学生之外，而是作为学生独立探寻新知过程的引导者和促进者，对学生过程中产生的疑问进行解答。第四阶段是学生通过组成不同小组互相合作学习阶段，经过独立探索阶段后，学生在小组间互相讨论自己对知识的理解，使不同想法在讨论中得到碰撞，最后在小组互助学习中逐渐明晰问题的脉络，最终有效地将新知识纳入自己的知识结构中，成为下一次学习新内容的"已有支架"。第五阶段是评估学习效果，这是支架式教学模式中不可缺少的一个步骤。教师对学生的学习评估应该分为两部分：一是对小组整体的学习评估；二是对学生在小组中的综合表现加以评估，并且教师还应遵循"多表扬，少批判"的原则。

支架式教学模式提出的初衷是解决小学生的教学难题，而对于职业院校的学生，尤其是新生，他们从初中的学习模式进入以职业技术技能学习为主的职教环境中，面临着与过去完全不同的理论和技能学习，作为教师，必须摸清学生的情况并以现有的知识水平为基础，以培养合格的一线技术技能型人才为目标，选择适合的教学方法，挖掘学生的潜力，使每位学生的主动性、积极性和创造性都能得到充分的挖掘。

另外，教师通过专业授课、实训、实习，使学生掌握就业岗位所需的应用技术和职业技能的过程，具备肯动手、勤动手、会动手的操作习惯和实践修养，引领学生走"从书本到实践，再从实践到书本"的技能提升之路，在不断为学生搭建一个又一个的成长"支架"过程中，教师既要具备理论教学的素质，也要具备实践教学的素质，不断向成熟"双师型"教师迈进，故教师不仅要让学生在原有知识的基础上利用新与旧知识之间的逻辑关联使学生通过知识建构的方式习得新知识，更要在教学过程中仔细观察每一个"支架"对学生的启发及引导效果，不断完善自己的教学设计，以更好地利用"支架"助力学生成长。

在支架式教学中，通常教师会为学习者创设相应的学习情境，在模拟现实的任务环境中激发学生的学习积极性，并将新知识与旧知识通过"同化"和"顺应"的过程，实现个人认知有意义的建构。支架式教学是学习者个体的自主学习，同时也需要在与教师、同伴、环境等社会互动中获得辅助，最终在没有支架即没有辅助的情况下独立完成学习任务。"人字梯型"教学模式关注学生知识能力的获得与形成，注重学生的自我导向性和独立性，其教学设计受到支架式教学的诸多影响。总的来说，支架式教学模式，从教师自身出发，首先代替了以往的教学模式，利用好课堂处理学习者遇到的难题，借助信息等数字工具作为支架辅助本次教学内容重难点。教师通过支架式教学模式，使本节课的重难点知识系统有序，能够在课堂中解决问题，有助于学习者在整个教学过程中接受新知并运用于实践。通过设定的特有主题或环境，学习者能更快地进入学习内容的情境当中，利用好课堂，促进师生与生生的合作学习，使两大主体的学习效率与质量都能得到质的提升，实现"双赢"。

二、社会认知理论

（一）社会认知理论的提出

社会认知理论是在 20 世纪 70 年代末由美国心理学家班杜拉的社会学

习理论发展而来的,90年代得到迅猛发展。班杜拉认为如果社会学习完全是建立在奖励和惩罚结果的基础之上的话,那么大多数人都无法在社会化过程中生存下去。他为了证明自己的观点,进行了一系列的实验,在科学实验的基础上建立了社会学习理论,并为社会认知理论的提出奠定了基础。

社会学习理论强调观察学习在人的行为获得中的重要作用,认为人的大多数行为是通过观察别人的行为和行为的结果而学到的,观察学习能够帮助人们更快速地掌握大量的行为模式。由此,班杜拉非常重视榜样的作用,认为人们观察学习所获得的行为以及行为的表现依赖于榜样的作用。人的行为会受到外界行为结果的影响,而更多的是来自自我引发的行为结果的影响,自我调节能够从目标的设立、自我评价来引发动机实现行为的调节。班杜拉还主张个人应当建立较多的自信心,一个人对自己应对各种情境能力的自信程度在人的能动作用中起着重要作用,他将决定一个人是否愿意面临困难的情境,以及一个人能够应对困难的程度、面临困境的持久程度等。当一个人对自己的能力有着更多的自信时,他在面临困难的时候往往会选择继续前进,同时付出更大的努力,会坚持得更长久;相反地,一个人若是对自己的能力不那么自信,在任务面前他们往往会焦虑不安,甚至可能产生逃避行为。

班杜拉的上述观点为他后来发展建构社会认知理论奠定了坚实的基础,在上述理论的观点上,并结合行为主义理论的思想,将认知成分纳入自己的理论中,探讨个人的认知、行为和环境因素三者的交互作用对人类行为表现的影响,并形成了社会认知理论。社会认知理论是社会心理学的重要理论之一,是一种用来解释社会学习过程的理论。社会认知理论家们将个体理解为积极地处理事件和发展强化期望的人,而不是作为根据以前相关强化物来自动行为的人。

(二)社会认知理论的内容

根据班杜拉的理论,关于行为强化的个体期望,比这个行为以前是否受到过强化更为重要。此外,他认为强化历史对个体的认知没有直接的作用，相反它是通过个人的记忆、解释和偏见筛选出来的。美国心理学家班杜拉基于行为主义理论，将认知成分纳入自己的理论中，探讨个人的认知、行为和环境因素三者的交互作用对人类行为表现的影响，形成社会认知理论。班杜拉的社会认知理论主要包括相互决定论、观察学习、自我效能 3 个重要的思想观点。其中相互决定论以人的认知、环境和行为三者之间相互作用的观点为基础，同时突出强调观察需要的重要性，这是对行为主义中刺激-反应学习理论的一次完善。同时，班杜拉用观察学习和替代强化来解释人类的间接学习现象。社会认知理论更加侧重个体关于自己所拥有能力的信念对自身行为和思想的作用，这种个体对自身所拥有能力的信念就是自我效能感。

相互决定论认为，行为、认知和环境三者之间紧密联系且相互影响。首先是环境因素可以促使潜在的行为转变成实际的行为，同时行为反过来也可以决定哪种环境能够成为实际影响行为的环境。其次是个体的认知因素和行为因素之间的相互作用，个体认知对行为结果的期待会影响个体行为的表现形式和程度，同时行为结果反过来又会改变个人的认知期待；个体对自我能力水平的认知会决定他们行为目标的设定和达成行为目标的方式决策，同时行为结果又会反作用于个体对自己的能力水平的认知。最后是个体特征与环境的相互作用，人们的性格气质等会影响对社会环境的不同反应，从而影响个体的认知，最终影响行为结果。相互决定论中包含了行为、认知和环境三者之间直接、间接的相互关系，形成一个连锁反应的闭环。

观察学习也被称为替代学习，指人们通过观察他人的行为，获得示范行为的象征性表象，并模仿他人做出与之相应的行为的过程。观察学习可以实现语言的掌握、动作的模拟、态度的习得和人格的形成，这种学习过程能够使学习过程缩短，而且可以迅速掌握大量综合的行为模式，可以尽量避免试误的阶段。班杜拉的观察学习说明了人们不仅可以通过直接经验引发学习，还可以通过观察获得间接经验从而引发学习，观察学习在社会行为的习得中是一种更为普遍和常见的学习方式。观察学习由注意过程、保持过程、运动复现过程和动机过程 4 个相互联系的过程组成。注意过程指的是个体选择对周围环境中某一示范原型的关注。保持过程指的是对示范活动的保持，要对示范活动进行保持就必须使用符号将其表象化，使其保留在记忆中。通常，观察学习依赖的是表象和言语两个表象系统。运动复现过程是将记住的符号表象转换成为适当行为的过程。在动机过程中，班杜拉将新反应的习得以及对新反应的操作区分开，他认为人们能够通过观察模式获得新知识，但是人们是否对这种模式进行操作取决于自我强化引起的动机作用。观察学习的完整发生需要基于上述4个过程来完成。

自我效能是主导个体认知的核心成分，指的是个体对自己能否在某一水平上完成某一活动所具有的能力判断。它是人们从事某一活动表现出的能力，属于一种潜在的自我因素和感受，个体对自身能力的信念在很大程度上影响行为。一般来说，自我效能感强的人能够对新的问题产生更大的兴趣从而全力投入其中，不断努力去战胜困难，相应的自我效能感也会在这一过程中不断得到强化和提高。自我效能感差的个体更容易对个人能力产生怀疑，容易逃避困难和退缩。作为最具有影响力的一种主观信念，自我效能感在诸多情境中都影响着人的思维模式和对情境的反应，它影响着人们对行为的选择，影响人们为完成目标而付出的努力和在面临挑战时的坚韧性，当人们面对一项任务时是自信或者焦虑的状态也取决于自我效能感。自我效能感是主体自我系统的一个核心动力因素，最终个体潜能能否发挥一定程度上取决于自我效能感及个体实际具备的知识和技能水平协调的程度。

（三）"人字梯型"教学模式下社会认知理论的实践

职业教育的"人字梯型"教育模式受到班杜拉社会认知理论的深远影响，相互决定论为教学情境的创设提供了理论依据，同时"人字梯型"教学模式对工作场所知识和技能的重视决定了观察学习的方式在实践环节的普遍应用，自我效能感理论为教师激发学生学习的积极主动性提供了一定的指导。在"人字梯型"教学模式下，教学情境的创设建立在充分掌握学生知识和技能水平以及学习需求等信息的基础上，同时借助各种教学资源建构教学情境，以促使学生认知、学习行为与学习环境之间的相互作用发挥出最大的效益。来自真实工作场所的知识与技能是"人字梯型"教学模式下重要的教学内容，与传统的理论知识的学习不同，操作技能的习得普遍地依赖观察学习，学生在真实或模拟的工作情境中，通过观察企业师傅的操作过程，形成心理印象，然后将动作重现，在持续的动作重现与调整的过程中逐渐获得相应的技能。在观察学习的过程中，企业师傅的行为就是一种榜样行为，他们的实践操作以及流露出的职业道德素养等对学生有着重要的影响，因此对企业师傅的要求与考核也应当严格谨慎。"人字梯型"教学模式要培养学生独立自主地建构个人的知识和技能体系，掌握能够胜任未来工作岗位和实现职业生涯可持续发展的能力，在学习过程中注重培养学生的自信心，采用多种措施激发学生的自我效能感是非常必要的，自我效能感的激发能够帮助学生更加积极地应对各种学习任务，获得良好的学习效果。

三、产教融合理念

近年来，产教融合成为职业教育领域的关键热词，2017年12月国务院办公厅印发《关于深化产教融合的若干意见》，2019年10月，国家发展改革委、教育部等6部门印发《国家产教融合建设试点实施方案》。随着政策的不断推动与深入，有关产教融合的研究和实践也得到了进一步发展。

深化产教融合是在新时期发展现代化职业教育的根本路径，对深入调控我国劳动力市场的人才供需平衡，实现职业院校和产业企业高质量的可持续发展具有重要的意义。在概念内涵上，产教融合是以行业、企业为主的产业主体和以学校、教师为主的教育主体在生产、经营、服务和教学、培养的过程中交互作用并相互渗透形成一体的，主要包括融合、对接、互动、渗透，并最终实现职业教育和终身学习、专业设置和岗位需求、教学过程和生产过程、课程内容和职业标准、毕业证书和职业资格证书之间的有效对接。产教融合指的是职业院校根据所设置的应用学科专业，将产业生产与教学活动密切结合，致力于实现学校集人才培养、科研研究、科技服务于一体的产业性经营实体，切实形成学校与企业一体的办学模式。产教融合强调行业生产和教育教学的深度合作，是职业院校为提高自身人才培养质量、达成人才培养目标、实现院校高质量发展而与行业企业开展的一种深度合作。产教融合，是政府、高校、产业界等各方致力于推进的工作重心之一，从学术话语角度，是指职业教育与产业界为了推动技能养成与发展而进行的资源优势互补的合作活动及合作关系；从政策话语角度看，产教融合的目标在于形成教育和产业统筹融合、良性互动的发展格局，健全完善需求导向的人才培养模式，基本解决人才教育供给与产业需求重大结构性矛盾，使职业教育、高等教育对经济发展和产业升级的贡献显著增强。培养技能型人才，解决人才供求矛盾，办好职业教育都要依靠产教融合。不难看出，产教融合不仅是新时期职业教育发展需要遵循的基本理念和有效模式，同时还是经济社会协调发展的重要举措和内在机理。

  产教融合理念指导下的职业教育办学模式，能够有效缓解传统职业教育办学模式发展过程中存在的矛盾。一是劳动力市场上人才需求和职业院校技能人才供给脱节的矛盾。劳动力市场对人才数量和结构的需求会随着社会的发展处于动态的变化之中，传统的职业教育人才培养模式在很大程度上借鉴了普通教育的模式，缺乏与行业产业的沟通，导致其培养结果无法满足市场的需要。职业教育培养的是技能型人才，最终他们都要走上社会生产的各个岗位，在培养的过程中需要与产业环境建立起有效的沟通机制，确保职业教育的人才培养能够满足社会劳动力市场的需求与标准，使职业技能人才能够更好地进入行业生产中。二是职业教育仍以理论教学为主，忽视了工作场所实践操作的矛盾。由于职业教育具有职业性的特点，职业教育所培养的人才离开校园后直接面向的是行业企业的生产岗位，因此他们除了需要掌握基础理论知识外，还需要掌握胜任工作场所的实践操作能力。传统的理论授课难以实现职业教育人才培养目标，将企业纳入教学过程中对学生切实提高个人的岗位适应能力和胜任能力具有重要的意义。三是学校与企业资源配置的矛盾。职业院校拥有丰富的人力资本，同时其科研成果能够有效促进企业生产效率的提升。而企业能够为职业院校学生提供真实的工作情境，提供设备等各种教学所需的资源支持。因此，产教融合下的职业教育院校与企业之间能够有效打破这种隔阂矛盾，真正实现两者优势资源的流动与转换，优化资源配置，促进两者共同可持续发展。

"人字梯型"教学模式的开展以学校和企业的合作为基础，产教融合的理念深植于"人字梯型"教学实施的全过程。"人字梯型"教学模式基于现实产业环境以及对行业发展的未来预测，深入把握学生的特点与需求，对来自工作场所的知识与技能进行教学化处理，搭建产学研信息平台，创设模拟工作场所环境的实训基地等，真正落实产教融合理念。近年来，随着产业经济的迅速发展，产业结构与职业结构的调整速度也愈发频繁。而高校人才培养的复杂性导致人才培养存在滞后性，在市场供求上显示出明显的结构性失衡问题。为保障高素质技能型人才的培养，党的十九大报告提出要"深化产教融合、校企合作"战略。当前，在政府、高校、企业等各方合力推动下，产教融合已初见成效，但在全球科技竞争与中美经贸摩擦的大背景下，产教融合又不断被赋予新的内涵和使命。对于产教融合而言，避免陷入概念改革，找到实施路径，脚踏实地地从概念改革走向行动实施，才能完成其被赋予的重大历史使命。在政府、高校、企业等各方合力推动下，产教融合已初见成效。但是，产教融合的内涵与外延以及承载的历史使命在持续演进，在全球科技竞争与中美经贸摩擦的大背景下，产教融合的内涵、外延与使命一再被重新审视，并被赋予新的内容。初期的产教融合是职业教育的校企合作，协同育人，紧密对接经济带、城市群、产业链布局，解决职业教育人才培养滞后于新产业技术变革这一紧迫的现实问题，服务"制造强国"等国家战略；当前转型升级到中级阶段的产教融合，是区域产业集群与学科集群的融合，打造区域科技创新体系，与区域经济社会同步发展；而到了高级阶段，产教融合应上升为以职业教育和高等教育为重点的整个教育体系与整个产业系统发展方式的变革，是国家产业结构转型升级、教育改革和人才开发整体制度设计，是国家整个产业系统与整个教育系统的融合，成为国家发展战略的有机组成部分。

此外，从校企合作到多元主体协同，从根本上整合产教融合的力量。

中国职业教育的产教融合不仅要继续深化校企合作，还要建构多元主体参与的协同治理体系。

四、终身学习理念

终身学习理念是联合国教科文组织在20世纪60年代提出的教育理念。作为20世纪以来最有影响力的教育理念之一，终身学习理念认为，一方面，终身教育具有使人适应工作和职业变化的作用；另一方面，终身教育在铸造人格、发展个性以及增强批判精神和行动能力方面具有重要意义。终身学习的概念源于终身教育的发展，终身学习指的是社会中每个成员为了适应社会的发展和个体的发展需要，贯穿于其一生、持续的学习过程。终身教育鼓励个体树立终身教育的思想，养成主动的、不断探索的、自我更新的、学以致用的和优化知识的良好习惯，并通过学习不断提升个人应对未来生存中可能存在的一切不确定性和挑战。

（一）终身学习理念的发展

1. 终身学习理念的提出

20世纪70年代联合国教科文组织发布研究报告《学会生存——教育世界的今天和明天》（又称《富尔报告》）。报告中倡导终身教育和终身学习理念，并将这两个概念推向世界。随着工业化的发展，知识爆炸性的增长，以及信息技术的更新，现代劳动力市场和经济生产方式发生巨大变化，以及终身学习理念的提出意味着一次性学习的时代将逐步被淘汰，人们一生中的每个阶段都必须要通过不断的学习来掌握应对生存环境变化的能力，适应变化并且求得生存是人们在未来面临的关键问题。除此之外，人口增长、资源稀缺、能源枯竭以及日益加剧的贫富差距等问题的凸显，每个人的生存都受到了严重的威胁，教育的普及成为人们不可或缺的生存方式和应对挑战的重要途径。它不再仅仅只是面向适龄人群和拥有特定条件的群体，而是朝着面向整个社会和个人终身的方向发展，终身学习成为一种被赋予的权利,也成为学会生存的前提和保障。通过教育去培养全面发展的人,促进学习的个体能够成为"真正的自己"是终身学习的价值追求,持续不断地接受教育和自主学习日益成为人们工作及生活的常态,教育和学习的功利色彩也逐渐弱化,更倾向成为人们求得生存的一种基础又必要的手段。终身学习也日益成为促进经济社会进步和发展、个人获得可持续发展以及促进社会包容和民主进步的重要途径。

2. 终身学习理念的深化

在终身学习理念提出之后,联合国教科文组织又发布了一份研究报告《教育——财富蕴藏其中》(又称《德洛尔报告》)。报告认为面对未来世界的种种挑战,教育确实是能够使人类朝着和平、自由和社会正义迈进的一张必不可少的王牌。将终身学习与社会的各个方面、个体生命全程的共同外延等密切联系,确认了学习型社会中全民终身学习和教育处于社会的核心位置的基本思想,认为教育已成为所有人的事情,终身学习关乎每一个人的生存和发展。终身学习是挖掘教育所蕴藏的巨大财富的必要手段,它能够使个人在物质和思想层面获得更为深刻、更为和谐的发展,从而减少个人的贫困、愚昧以及在社会融入中受到的排斥。同时终身学习也是一种能够产生长远效益和回报的经济、政治社会性的投资。终身学习能够使人们在脱离学校教育之后在未来的人生发展中继续适应职业和生活的变化,同时更加重视铸造人格、发展个性和增强个人全方面发展的能力。终身学习具有灵活多样以及时间弹性等优势,将会成为战胜挑战取得平等并实现可持续发展的有效途径,最大限度地开发和创造有益于社会和个人发展的有形或无形的财富。在终身学习发展的深化阶段,其内涵也得到了丰富和扩展,将学习作为一种生存方式,从生存到共存,在共存中求得生存,终身学习理念逐渐从侧重个人的生存和发展转向重视人与人、人与自然、人与社会的相互依存以及相互促进。

终身教育认为,在时间维度上,教育和学习不仅限于人的某一个时期,而是贯穿于人的一生;在空间维度上,教育与学习不仅限于学校,还应包括家庭、社会、职场等。终身教育不是各种教育组织和机构的简单相加,而是相互联系、相互制约，具有连续性、统一性、开放性、发展性的有机整体。终身教育的倡导者强调了两个特别重要的理念：一是传统教育机构不享有教育的垄断权，教育将承认包括正规教育、非正规教育和非正式教育在内的所有教育活动的影响作用。二是传统教育机构继续孤立于其他学习场所是非常不适宜的。终身教育的特点包括：终身性、全民性、广泛性、灵活实用性。它的提出和实施扭转了以往将人的一生简单划为学习阶段和工作阶段的观念，对世界各国的教育改革与发展具有里程碑式意义。终身教育理论确立以后，逐渐受到各国的普遍重视。目前许多国家的政府把终身教育作为本国教育改革的总目标，努力把终身教育纳入规范化渠道，并以终身教育的原则来改组、设计自己的国民教育体系，试图建立一个从幼儿园到老年大学、从家庭教育到企业教育的全面实施终身教育的教育大系统。

终身学习理念的发展充分融合了不同的时代背景、社会和个人的发展需要，从关注生存问题到未来长远发展，重申了人文主义教育观，重新建构起以人为中心的发展价值体系，人的全面发展、社会和自然的可持续发展作为终身学习的共同价值追求。

（二）终身学习理念的指导价值

随着互联网时代的到来，当前整个社会面临着全新且未知的挑战，也带来了新的经济发展机遇和创新的经济增长模式，新职业、新岗位、新工种日益涌现。过去，一个人在固定岗位上工作一辈子的固定成长模式已不符合当下的社会需求，随着新思维、新技术、新工艺等的迭代更新，同一岗位对在职工作者的职业技术技能要求也在不断变化和提升。当前，一次性的学校教育早已不能够适应飞速发展的社会对职业技能提出的需求，我国的职业教育提供的一次性教育甚至是终结教育，这与终身教育的理念严重背离。而如今，众多的变化都在要求我们从新时代的角度去看待与认识职业教育，以终身教育的思想和观念指导、改革和发展职业教育。

"人字梯型"教学模式下的职业教育的目的不仅是培养人们的专业技能，还要培养人们的职业素养，规范人们的职业道德。终身教育则为人们提供了一个公平接受知识的机会，满足了社会发展的需求。终身学习的目的是在全社会范围内建立一个促进人们共同学习、共同发展进步的环境。职业教育与终身学习都是为了支持个人的发展，推动社会进步而进行的，所以要根据社会、经济、文化所提出的要求进行，设计个性化的学习内容和教学体系，既可以开发个人的潜能，也可以推动整个社会的发展与进步。

五、自我导向学习理论

自我导向学习理论是最能体现个人教育原始性和本质性的内容，是"人字梯型"主观能动性的生动体现。1966年塔夫（Tough）首次将自我导向学习作为一种学习方式做了较为全面的总结论述，并认为自我导向学习是一种由学习者进行自主规划和引导学习活动的自我主动学习。

（一）自我导向学习理论的提出

有关自我导向学习理论的研究开始于20世纪60年代，美国学者霍尔（Houle）根据成人学习者参与学习动机的不同，将其归纳为目标导向、活动导向、学习导向3种类型。其中，学习导向被后来的研究者界定为自我导向学习，这就是自我导向学习理论的研究基础。到了1966年，美国学者塔夫首次提出"自我导向学习"理论，他认为自我导向学习是一种由学习者自己制订学习计划并引导学习活动开展的一种自我设计学习。他强调学习者的自主性在学习过程中的重要性，认为这是一种与教师或他人主导的学习所对立的学习形态。同时塔夫的理论中提出，自我导向学习的过程一般可以分为13个步骤或者阶段，通过这些层次递进的步骤可以让学习者更加清楚地把握学习的内容、情境以及方法等信息。1975年，被誉为美国成人教育之父的诺尔斯（Knowles）认为自我导向学习是学习者基于自身的现实需要，自主确定个人的学习目标同时形成个人学习计划，并为了达成学习目标和顺利执行学习计划自行寻找支持学习活动的各种人力资本或者物质资源等，最后还应当对个人的学习过程与结果实施自主评价。

随着自我导向性学习理论与实践的发展，理论上逐步形成了不同的自我导向性学习理论流派，大致可以归纳为"过程观"和"目标观"两大类。

以 Allen Tough[①]和 Knowles[②]为代表的过程观流派认为，学习者的自我导向性学习过程即制订学习计划、规划学习内容、寻求支持学习的人力与物力资源、开展学习实践、评价学习成果的学习过程，这个过程中学习主体能够明确自己所学的内容以及如何进行学习等，学习者在不断获得知识与技能的过程中不断成长与发展。

另一流派认为自我导向性学习是一种培养目标。目前主要被分为以下3类：第一类是通过自我导向性学习使自身获得发展，Gibbons 认为自我导向学习是学习者为使自身的知识、技能、学业和未来发展均能有效提升而利用一切手段去选择并为之不断努力。[③]第二类以戈瑞森为代表，他们认为该种学习理论应与批判性思维相结合，自我导向学习取决于学习者是否拥有机会作出学习的决定及其能力。[④]第三种强调"以学习者为中心"的思想，以自身作为主体，将学习者的意识和行为作为首要思想，认为自我导向性学习是个体对自己的学习过程进行自我管控与承担责任。

越来越多的研究者加入对自我导向学习研究的领域，使自我导向学习的内涵得以丰富，外延得以拓展。例如加里森（Garrison）将社会建构主义理念引入自我导向学习的研究中，提出了自我导向学习的自我激励、自我监控和自我管理3个维度。他认为激励指的是人们参与和持续参与自我导向学习决策的影响因素；自我监控指的是学习者监控自身认知和元认知过程的能力；自我管理指的是学习者根据自身实际情况等对学习情境条件的控制、调整与改造。尽管不同学科背景与研究领域的学者对自我导向学习进行了不同的界定，但是他们普遍认为，自我导向学习是学习者根据自身的角色、职业和需求等，在对个体内部认知和外部管理的把握的基础上，

[①] TOUGH A. The association obtained by adult self-teachers[J]. Adult Education, 1966（17）：33-37.

[②] KNOWLES M. Self-directed learning: a guide for learner sand teachers[M]. Toronto: The Adult Education Company, 1975: 18.

[③] GIBBONS M BAILEY, A COMEAU, P SCHMUCK, et al. Towarda theory of self-directed learning: a study of experts without formal training[J]. Journal of Humanistic Psychology, 1980（2）.

[④] 董守文，张华，李雁冰. 成人学习学[M]. 东营：石油大学出版社，1994：16，117，116，120.

自行确定个人学习目标，并根据个人学习目标规划并实施学习过程，主动寻找学习资源支持并对个人的学习过程与结果进行评价的过程。作为成人教育领域内的重要学科术语，自我导向学习是集"独立""自主""责任"等特征于一体的学习行为的理论抽象。

（二）自我导向学习理论的特点

自我导向学习理论的突出特征是自主性、灵活性、普遍性、发展性和科学性。

1. 自主性

自主性指的是学习参与行为表现出了独立和自主的内部心理特征，它是由学习者自发参与并且独立进行的主动的学习。自我导向学习中学习活动的参与依赖于学习者自身强烈的学习兴趣、动机和需要等驱使，从而自主开展自我导向的学习，并且将自我激励和自我暗示等意识行为贯穿于学习过程中。

2. 灵活性

灵活性指的是学习者不再需要按照既定的大纲等开展学习，相反地学习者可以根据自己的实际需要，充分考虑自己的现实境况，从而去决定或安排自己学习的时间、地点、内容以及学习的计划进度等。自我导向学习的过程能够跨越时间与空间的限制，能够有效满足学习者个性化和多样化的学习需要，尤其是在成人学习领域，自我导向学习能够更好地解决工作、学习和生活之间的矛盾。

3. 普遍性

普遍性指的是自我导向学习是一种适合于任何人的学习方式，这种学习方式不会受到个体年龄、职业等固有特征的限制和影响，任何学习个体只要拥有学习提高的意愿都能参与到自我导向学习中来，自我导向学习是建成学习型社会和推动终身学习发展的重要措施。

4. 发展性

发展性指的是自我导向学习不是闭环式的学习方式，而是一种开放式的学习方式，是一个循环上升、持续发展的过程。学习者在学习过程中能够不断获得知识并形成技能，提升个人综合竞争能力。

5. 科学性

科学性指的是自我导向学习是基于实际而展开的一种学习，并且会根据学习者的现实情况和自我发展的需要等不断改进调整的一种学习方式，确保学习真正服务于学习者个人的需要和发展。自我导向学习广泛运用于实践教学中。处于当下发展变化社会的成年人，在与不同社会主体的交往中会面临众多挑战，可挑战激发学习需求进而触发个体开展学习行动。[①]

（三）"人字梯型"教学模式下的自我导向学习

"人字梯型"教学模式下的自我导向学习关注学习者自身的经验，通过了解学习者的经历、倾听学习者在自我学习过程中遇到的问题，并为学习者提供个性化的学习材料及其他学习支持，为学习者提供合理的建议与决策，促进学习者更好地开展自我导向学习，真正建构起个人的知识体系和技能体系。同时"人字梯型"教学模式要求教育者为促进学习者自我导向学习提供支持和营造良好的环境氛围。教育者深入了解学习者的个人情况并帮助他们建立起合适自身发展的学习目标，提供适当的学习资源，使学习者充分发挥其特长，推动自我导向学习的进行。教育者还需要在学习者自我导向学习过程中予以合理指导，帮助其实现对学习的自我审查与评估甚至自我反思。这种来自教育者的动态的、合理的引导与调整能够在一定程度上使学习者自身的主动性成为自我导向学习过程中的独特优势。

六、人的全面发展理念

（一）人的全面发展理念的内涵

"全面发展"是一个相对独立，具有普遍意义的概念。纵观人类教育发展史，"全面发展"如一座闪烁的灯塔照耀着教育前进的航程。18世纪

---

① 高志敏. 成人教育学科体系论[M]. 上海：上海教育出版社，2017：400.

以前，因为受所处时代的思想和本身阶级局限性的限制，中西方哲学家、思想家们都没能全面、正确地揭示人的全面发展的本质特征。直到马克思、恩格斯于19世纪中叶创立了人的全面发展的科学学说，他们在继承和批判前人文化理论遗产的基础上，从本质上揭示了人的全面发展的真正含义。不同历史时期的马克思主义者从所处的社会时代出发，不断认识和完善人的全面发展理论，从而使人的全面发展理论具有时代意义和新的历史价值定位。毛泽东同志不仅继承了马克思关于"人的全面发展"的思想，而且独树一帜地阐述了发挥学生的积极性和主动性在学校教育中的重要性，提出了人的全面发展教育观，即德、智、体全面发展。古今中外的教育家都认为，人不仅应该全面发展而且具有全面发展的丰富潜能和现实可能，人的全面发展既是弘扬人性的要求也是社会的需求。人的全面发展的思想在历史发展过程中经历了一个不断完善、不断提高的过程。社会和人的相互运动直接推动了社会和整个人类的共同发展，人的发展的历史过程由片面的发展逐渐走向人的全面发展。

马克思关于人的全面发展学说在教育学上的现实意义首先在于确立了科学的人的发展观。人的全面发展学说把人的发展历史归结为生产方式发展的历史，确定了"人怎样表现自己的生活，他们自己也就怎样"的发展观，从而在人的发展问题上提供了一种全新的方法论的指导。其次指明了人的全面发展的历史必然。全面发展学说所揭示的人的发展方向，是一种建立在生产发展普遍规律基础之上的自然历史过程。这种发展方向不仅符合人类的利益，而且符合历史发展的客观规律，它的合理性与它的必然性是一致的。最后该学说为我国教育目的的制定奠定了理论基础。正确理解马克思主义的全面发展学说，对于确定我国的教育目的具有非常重要的现实意义，是确定教育目的的理论基础。

21世纪的竞争就是人才的竞争，而教育的首要目的就是培养人才，提高人的素质。那么，我国"以人为本"的教育如何促进"人的全面发展"？首先，通过教育培养人的能力，促进人的全面发展，人的全面发展体现在社会实践与社会关系中，教育所能做到的就是培养人的全面发展的能力。人的能力即人在社会实践活动中，对待自然、社会和自己所进行的对象性活动中所能表现出的能动力量。它集中地体现了人的综合素质，包括满足自我需要和社会需要的能力。其次，一个全面发展的人的基本特征是体力和智力都得到充分自由的发展，是体力劳动和脑力劳动的结合。如何来实现这一理想呢？唯一的方法是实行教育与生产劳动相结合。教育与劳动生产相结合，不是机械地将教育与劳动相加，包括理论与实践的结合、学与用的结合、知识分子与劳动人民的结合等。

人的全面发展是指人的劳动能力的全面发展，即人的智力和体力的充分、统一的发展。同时，也包括人的才能、志趣和道德品质的多方面发展。科学素质是人的全面发展的内在要求，人的全面发展是指人的劳动能力，即人的体力和智力的全面、和谐、充分的发展，还包括人的道德的发展。人的发展同其所处的社会生活条件是相联系的，旧式分工造成人的片面发展，机器大工业生产提供人的全面发展的基础和可能，社会主义制度是实现人的全面发展的社会条件。生产劳动同智育和体育相结合，它不仅是提高社会生产的一种方法，而且是造就全面发展的人的唯一方法。[①]

（二）"人字梯型"教学模式下人的全面发展理念的实践

教育现代化的核心是"人"的现代化，教育的本质是为了人的全面发展，实现人的全面发展是教育的崇高理想和最终目标。人的全面发展理念为回答"培养什么人、怎样培养人、为谁培养人"的教育的根本问题提供了有说服力的根据。在新时期，我国的主要矛盾发生转变，人们对美好生活的向往更加热烈，更加渴望"好的教育"，人的全面发展理念为更好的教育的发展与完善提供了行动指南。人的全面发展理论包含全社会人的自由全面发展和个人的自由全面发展两方面的内容，分别是社会发展的最终目标和个人发展的最高目标。个人的自由全面发展要求个人的本质、需要、能力和素质等各方面都能得到均衡、和谐、协调的发展，个人的全面发展构成人类的自由全面发展。

传统的职业教育忽略了学生主体的需求以及个人长远发展的需求，人

---

① 马克思. 马克思恩格斯全集[M]. 中共中央马克思恩格斯列宁斯大林著作编译局，译. 北京：人民出版社，1972：530.

才培养的目标与模式蒙上浓厚的学历教育与功利性色彩，造成教学资源浪费的同时并没有解决学生最根本的学习需求问题。过分强调知识与理论，忽视了职业教育职业性的突出特征，使职业教育培养的人才走向工作岗位后遇到很多阻碍。这种劳动力市场人才需求供给的不平衡对社会经济的发展造成了严重影响，在大量空缺岗位的对面是大批的失业人员，长此以往可能会引发更为严重的社会问题。"人字梯型"职业教育教学模式不仅关注职业教育的职业特性、社会性等区别于传统教育的突出特征，同时深刻把握其作为一种高等教育所要落实的素质教育的任务与目标，在人的全面发展理念的指导下，能够更合理、科学地落实人才培养目标。"人字梯型"教学模式要培养能够真正满足劳动力市场需求的高技能型人才，同时也是掌握应对未来工作生活中各种挑战与不确定性的能力的人才。"人字梯型"教学模式遵循人本主义的理念，关注个人的发展需要，在教学活动全程突出以人为本的教育教学理念。人的全面发展理念为"人字梯型"职业教育教学模式的教学目标提供了科学的理论依据，在新时代下贯彻落实立德树人的根本任务并突出能力本位的特色要求。"人字梯型"教学模式的人才培养目标紧紧围绕促进人的全面发展而设置，包括人才培养方案的制定以及人才培养路径的选择与实施，促进学生全面发展的理念贯穿于课程及教学方法中的方方面面。

第三章

"人字梯型"

教学模式的模型构建

"人字梯型"教学模式以调动和统筹教学过程中的一切积极要素为出发点，更加关注教师和学生、教师和企业师傅、学生和企业师傅、学校和企业、专业知识和通识知识、线上和线下之间的双向促进及互相补充，打造更加充满生机的职业教育教学生态。

徐国庆指出，终身教育时代人的生活模式由原来先学习、后工作、再结婚的线性模式逐渐转向学习和工作交叉进行的循环模式[①]，因此希望为个体准备一生所需要的知识是不现实的，合理的方式应当是当他们需要这些知识的时候再及时提供相应的教育。职业教育也是如此，不能仅仅以专业学习和未来就业为目标，更要"授人以渔"地培养学生学会学习的能力。这就需要转换以知识传授为主要内容的"经院式"教学模式，更加关注学生包括专业能力、方法能力和社会能力在内的职业能力的提升。因此，职业教育教学模式需要重新审视教学过程中各个要素之间的作用方式和搭配组合，优化各个要素之间的结构来实现教学效果最大化。具体来说，"人字梯型"教学模式的理论模型构建需要从最简单朴素的理念出发，思考清楚几个关键问题：构建该种模式是为了什么，即目标问题；遵循什么样的思路方法，即原则问题；涉及哪些必需成分，即要素问题；各个组成成分之间存在何种作用，即关系问题。只有清楚这些关键问题，才能更好地找准现存模式的"痛点"和不足之处，把握职业教育"人字梯型"教学模式改革的方向和要点。

一、"人字梯型"教学模式的目标

目的性是人类实践的根本特性[②]，也是人类确定方向、选择工具、选取内容、制订计划的根本参考点。构建"人字梯型"教学模式的出发点是解决职业教育教学过程中出现重"教"轻"学"、重"理论"轻"实践"、重"专业知识"轻"通识知识"等问题，这些现象在某种程度上反映了职业教育工作者对教育目标的模糊性，对教学过程中各个要素之间的关系结

[①] 徐国庆. 实践导向职业教育课程研究：技术学范式[M]. 上海：上海教育出版社，2005.
[②] 鲁洁，等. 教育学[M]. 北京：人民教育出版社，2005：145.

构把握不清，以致影响了教育效果。因此，职业教育"人字梯型"教学模式改革首先要明确目标，不仅能为整个"人字梯型"教学模式改革指引方向，同时对教学开展大有裨益。具体来说，"人字梯型"教学模式的目标主要可以归为两个方面：提升人才质量的内部目标和模式改革的外部目标。

（一）内部目标——人才培养目标

职业教育人才培养目标是教学过程中确保人才质量和教育方向的重要参考点。从本质上来说，任何一种教学模式的出现都是基于对现实问题的一种变革，体现了模式构建者对教育现象和问题的深刻反思，对教育前景和走向的满满期待。构建一种职业教育教学模式并不是想在众多模式中标新立异，而是为了更好地开展职业教育。那么什么才是好的职业教育？答案是能够挖掘人才潜能、促进人才全面发展的教育。也就是说，人才是检验职业教育质量和效果的首要标准，除此之外更好地对接产业需求、促进经济社会发展和人才就业都是在人才得到全面发展的基础上衍生出来的"额外收益"。因此，教学模式或者说"人字梯型"教学模式的首要目标是人才培养目标。

不管何种教学模式，其最终落脚点都在于通过开展科学高效的教学促进人的完善和发展，"人字梯型"教学模式也不例外。而服务经济社会发展和促进人才就业创业是检验职业教育办学质量的关键点，职业教育"人字梯型"教学模式的最终目标是促进学生的能力提升和全面发展，为更好地自我实现奠定基础。因此，"人字梯型"教学模式的教学目标，是在学习者掌握职业技能、职业知识，培养职业态度等基本的职业资格的过程中，着重于职业能力的培养，即以能够更好地胜任岗位实践中的典型工作任务为人才培养的目标导向。

学者们普遍认为职业能力的高低最终取决于专业能力、方法能力和社会能力三者之间的整合状态，这也就构成了以职业能力提升为目标的"人字梯型"教学模式的三维目标。具体来说，其一，专业能力目标主要是指通过教学使学生在掌握知识和技能的基础上获得合理的知识能力结构，以此提升学生在岗位工作中所必需的专业知识和专业技能；其二，方法能力目标是指"人字梯型"教学模式要通过科学高效的教学活动开展使学生学会思考、学会学习、学会工作，具备从事职业活动所必需的方式方法和行动策略；其三，社会能力目标是指"人字梯型"教学模式要通过教学使学生学会生活、学会共处、学会做人，具备未来岗位实践所必需的价值观念和行为规范。

可以看出，职业教育"人字梯型"教学模式的目标是确定坚持以人为本和能力本位理念，指向人的全面发展和职业能力提升，具体细化为专业能力、方法能力和社会能力3个子目标，更加注重个体作为"人"的全面发展和潜能挖掘，力求培养能够适应未来职业工作并进行创新性实践的技术技能人才。

（二）外部目标——教学模式改革目标

"人字梯型"教学模式不仅注重向内促进学生的职业能力提升和全面发展，同时也注重向外进行职业教育教学模式本身的改革和发展，即通过优化调整教学过程中各要素之间的关系结构来更好地开展教学。这种向外的针对教学模式本身改革的目标确定，从客观上保证了向内的人才职业能力提升目标的实现，两者之间形成一种"人字梯型"的相辅相成、相互促进的关系。

"人字梯型"教学模式要通过改革突出教师和学生的双主体地位。传统文化观念中将教师工作精神形象地表述为"甘为人梯"，一方面，这在褒扬教师奉献精神的同时也扭曲了教师工作的根本特性，容易让人产生学生"踩"着教师的肩膀向上攀登的错觉。另一方面，在教师作为"人梯"的角色定位下，学生发展的高度由"人梯"的高度决定，既加重了教师的工作负担也使学生的发展受限。现代教学中更加强调教师和学生的"双主体"角色定位，整个教学过程要素之间更像是"人字梯"的关系。从外观造型来说，"人字梯"的左右主支撑架与地面构成了一个等腰三角形以增加其稳定性，顶部用活页连接增加了灵活性。出于安全考虑，使用"人字

第三章 "人字梯型"教学模式的模型构建

梯"的过程中要求同伴作业至少两人在场,其中一人使用,另一人在下面扶持。职业教育教学过程中"人字梯型"关系更能体现要素双方的互相支撑和互相影响,教学过程随着学生学情的不同进行灵活变动,教师作为组织者、引导者搭建层次性递增的知识之梯,学生的学习效果由教师和学生双方决定。因此,"人字梯型"教学模式要更加注重教师、学生的互动影响和共同发展,旨在通过建立一种平等合作的伙伴关系来加强双向沟通,形成一种互鉴互学、及时反馈的动态交流机制。

"人字梯型"教学模式要建立柔性的人才培养体系和评价体系。传统职业教育中更加强调划定各个要素之间的行为边界,虽然这在某种程度上保证了教学开展的效率性,但是也使各个主体在参与合作的过程中对规则难以触及的地方表现出一种漠然的态度。比如校企合作中往往需要明确规定企业参与度、贡献度以及学校教师和企业师傅之间的授课比例,课时分配和教学环节中往往需要明确理论课程和实践课程的具体比例,课程内容选取中往往需要给通识知识和专业知识标注"主位"和"辅位",好像只有这样教育者才能确定教学范围和教学步调。而在现实情况中,各个要素之间的比例分配往往要随着学生学情、课程内容、知识难度的不同而发生变化,这就需要将职业教育中的行为边界由"刚性"转变为"柔性",即使各个要素在不改变合作方式的基础上形成一种动态调整关系。"人字梯"由两条互相支撑的支架构成,具有根据目标任务的高度通过改变开合角度灵活调整高度的特殊功能,"人字梯型"教学模式也体现了这一特点。具体来说,"人字梯型"教学模式在人才培养和评价中更加关注"人的发展",在教学开展过程中并不需要明确划定各个要素的参与边界,主要通过强调学校和企业、教师和学生、专业知识和通识知识之间同等重要、互相支撑的关系,柔化学生的学和教师的教、学校学习和企业实践、专业技能提升和通用能力提升之间的边界。换句话说,"人字梯型"教学模式通过牢牢把握教学效果最大化的原则,让教学要素之间形成一种"人字梯型"的灵活调整、相互支撑的柔性关系,充分调动各个主体要素之间的参与积极性,增强客体要素之间的贡献力度。

二、"人字梯型"教学模式的原则

通常情况下，课程往往表现为一种教学方案或教学计划，而教学过程则体现为具体的教学实施。事实上，不同的课程和教学反映了教学内容、教学方式、教学手段、教学组织等要素的不同取舍和排序规则，在本质上是由不同的教学原则所决定的，遵循什么样的原则将会决定什么样的教学行为和教学过程。因此，教学目标往往确定了教学的"终点"，而教学原则则从根本上规定了教学过程。

（一）以学生为中心原则

罗杰斯的人本主义学习理论强调培养完整的、具有独立人格和创造性、能适应时代变化的人。1988年，联合国教科文组织正式提出了"以学生为中心"的教育理念[①]，从此以"教师""教材""课堂"三要素为中心的"传授模式"开始向注重"学生""收获""体验"的"学习模式"转向[②]，更加强调教师的"主导地位"和学生的"主体地位"。"人字梯型"教学以学生为中心，实现了从以"教"为中心向以"学"为中心的转变，更加注重以促进学习者的学习和发展为根本原则来开展教学活动。这种教育理念重视发挥学生的主观能动性来促进学生的个性发展和自主学习，将学生的学习效果置于教学的重要位置。

首先，"人字梯型"教学模式以学生为中心原则强调促进学生个性的充分发展。众所周知，传统教育中往往将学生看成一批待加工的"产品"，教师根据统一的人才培养目标制定具体的"加工方案"，将知识"复制"并"转移"到学生的头脑中。这是一种只有教师的"授"没有学生的"学"的单向式教学，使培养出来的人才整齐划一，忽视了人才的个性培养。而现代经济结构转型的加快和科学技术的迅猛发展，使人才的创造性和独特性更加受到重视。只有让学生根据自身的经验和兴趣实现个性化发展，才

[①] 秦侠，杨金侠，杨善发，等. 构建"以学生为中心"教学模式支持系统的思考[J]. 中国高等医学教育，2006（12）：42-43.

[②] 李琼，杨格丹，李敏辉. "以学生为中心"的融合交互教学模式研究——以清华大学深圳国际研究生院为例[J]. 现代教育技术，2021，31（10）：110-117.

能锻炼学生的思维能力,从而应对未来职业生涯中更加复杂的工作任务。

其次,"人字梯型"教学模式以学生为中心原则强调促进学生的自主学习。以学生为中心的教学是一个教师在旁辅助引导、学生进行主动建构的过程。在这个过程中,教师需要根据学生的基础能力、学习兴趣和学习目标来设计更加适合学生自主学习的教学环节,合理选择教学内容、教学方式和课堂形式,更有针对性地提升学生的能力。在这种环境下,学生是带着兴趣和好奇心进入课堂的,将会更加积极主动地展开学习,更加关注自身对知识的理解、消化和吸收,在新知识和原有的背景知识之间建立起有意义的联系。总的来说,以学生为中心原则更加关注学生的学习体验和主动建构,学生在这个过程中是被尊重、被鼓励、被认可的"学习主体",学习是学习者通过获取知识和技能达到认知自我、认识世界的自主行为。

最后,"人字梯型"教学模式以学生为中心原则强调提升学生的学习效果。学生是教学活动开展的出发点和根本目标,是检验教学效果的标准。"人字梯型"教学模式遵循以学生为中心的原则,更加关注学生的学习效果而不是其他的外在表现。以学习效果为关注点,一方面,可以更好地看到每个不同学习者在一段时间内的相对进步,将评价重心转移到学生质的提升上而非简单的"知识数量积累";另一方面,关注学生的学习效果可以让教师从形式化的"表现教学"中脱身出来,不再为应付各种出于不同目的的评价和考察而疲于奔命,将教学工作的重心放在不断调整和改进教学来促进学生学习能力的提升上。

(二)教师指导和学生建构相结合原则

教育教学过程中教师主导、学生主体的"双主体"理念早已深入人心,这实际上构建了一种教师和学生两者之间"人字梯型"的合作促进与灵活调整关系。职业教育教学中的课程体系主要可以分为以系统知识传授为主的"学科体系课程"和以职业能力培养为主的"行动体系课程",两者以不同的教学原则开展实施。在学科体系课程中,教学过程淡化了职业教育的"职业性"特征,更加趋同于普通教育的教学方式。这种课程实施将从事职业活动所需要的一体化知识技能进行了元素化和分离化,以传授高度凝练的概念和原理为主，力图使学习者更快地获得未来工作所需要的全部知识。这从根本上体现了教师指导优先原则，即教师在教学中居于"统治"地位，将知识"去情境化"地灌输给学生，更加强调知识量的积累而非质的提升。在行动体系课程中，教师不再片面注重显性理论知识的重现和复制，而是着眼于以行动体系为逻辑基础的隐性实践知识的生成与构建。这种课程强调学生的主动建构优先原则，将知识置于特定的生成情境中，更加注重学生能力的生成而非知识的积累。

那么职业教育到底该选择教师指导优先原则还是学生建构优先原则？要回答这个问题，首先要明确职业教育的导向。从根本上来说，职业教育是以就业为导向的，促进人才就业是职业教育的出发点和最终归宿。而要实现人才更好地就业首先必须要使人才具备岗位胜任能力，这就需要培养人才的职业行动能力，开展行动导向教学，使行动导向的每一个学习过程都成为职业能力建构的过程。但是，强调学生积极主动的自我建构，并不能全盘否定教师在教学过程中的指导作用，否则职业教育教学将会从一个极端走向另一个极端。因此，职业教育中教师的角色定位必须发生转变，由课堂的主宰者、评判者、主导者转变为学生学习过程的组织者、咨询者、引导者。可以看出，教学原则选取的关键是如何在教师指导和学生建构之间寻求一种平衡。根据"人字梯"的相互支撑的造型特征和层次性递增的功能特征，"人字梯型"教学模式的教学原则应该实现教师指导和学生建构的一体化，即融合发展。换句话说，即使两者能够在教学过程中共同发挥作用并随具体情况进行灵活调整。

如何使教师指导原则和学生建构原则相互融合？关键在于创设主题导向的学习环境，这是因为主题导向或者主题意义的学习情境的设置，可以充分发挥指导与建构两者的优点。所谓主题导向，即涉及项目、案例和问题意义上的学习情境，只有这种以具体任务为教学单元的教学，才既能发挥教师在其中的示范、指导和协调作用，又能发挥学生面对任务时在具体情境中的主动建构作用。

没有一种知识是脱离情境而单独存在的，也没有任何一种技能可以在书本里直接生成,这是"人字梯型"教学模式遵循教师指导和学生建构相结合教学原则的主要原因。因此,只有充分考虑学生已有的经验和兴趣,考虑职业技能生成必需的情境要素,考虑未来工作所需的行动能力,考虑学习过程中学习者的主动性和教师的指导性,才能使学习者获得能力而非单纯的知识。

(三)教育教学与信息技术深度融合原则

信息技术已经成为新一轮产业革命的核心力量,培养具备信息素养的高素质人才是未来教育的重点任务。职业性是职业教育的根本特性,这决定了职业教育与经济社会发展之间的紧密联动关系。因此,学习者群体从"数字移民"向"数字土著"快速切换是未来教育领域发展的必然趋势,学习者将更多展现出"熟练地处理多头任务、习惯碎片化学习和批判性思考的能力"①。职业教育也要顺应这种发展趋势。"人字梯型"教学模式实施中要实现教育教学活动和信息技术的深度融合,这一方面能够保证教学的效率性,另一方面也能培养教师和学生的信息化思维以更好地适应未来社会的挑战。

其一,"人字梯型"职业教育教学模式遵循教育教学与信息技术深度融合原则,要回归育人的价值定位,更加关注学习者的心灵和精神发展,避免职业教育在重视信息技术的过程中反被技术所裹挟。现代教育在引进信息技术元素的过程中通常会陷入技术神圣化和为了技术而教学的困境,使教学过程只见技术不见教育。而事实上,职业教育培养的人才不仅要有从事职业实践的知识和技能,更要有从事工作体验的情感、态度和价值观。因此,在教育与技术相融合的过程中要注重学生的主体性,保证学生的话语权,以信息技术来促进学生职业能力和精神品质的提升。

其二,"人字梯型"职业教育教学模式遵循教育教学与信息技术深度融合原则,形成产教融合机制。职业教育的"职业性"决定了其与产业转型升级和技术更新之间的天然联系,而技术最先在行业企业中发展起来且

---

① 吴南中. 场域变迁与高职教务变革[J]. 中国职业技术教育, 2015(29): 15-20.

渗透于岗位工作的各个环节，因此职业教育教学要以信息技术促进教学并让学生在产教深度融合中获得技术。一方面，产教融合能够提供更加丰富全面的教学资源和媒体支撑，让教师在信息化环境下开展更加真实可感的职业教育信息化教学；另一方面，产教融合能够让学生真正看到信息技术的实体样态和运作过程，帮助学生更好地接受并融入信息社会，获得经验，为更好地接受信息化教学奠定基础。

其三，"人字梯型"职业教育教学模式遵循教育教学与信息技术深度融合原则，开展线上线下相结合的混合式教学。从本质上来说，职业教育中线上教学多一点还是线下教学多一点不是衡量是否实现教育教学与信息技术深度融合的关键，应该将关注点放在学生发展上面，根据现实需要采取线上和线下相结合的教学。一方面，线上线下相结合的混合式教学能够更充分地利用和分配教学资源，根据教学内容来灵活选择最佳学习方式，避免教学过程中资源的重复建设和无效浪费；另一方面，线上线下相结合的混合式教学能够更好地分配教师教学和学生学习时间。发挥线上教学和学习可以跨越时空的优势，将适合学生独立自主学习的知识内容放在线上完成，让教师能够根据自己的时间安排教学内容，学生也能够根据自己的时间安排学习；根据线下教学、学习需要具备实体化教学设备和集中学习的特点，将实践性、操作性学习安排在线上集中学习。

"人字梯型"教学模式遵循教育教学与信息技术深度融合原则，既强调任一要素的不可获取，也注重两者之间的相互补充和相互促进，形成一种"人字梯型"的相互支撑和灵活变动关系。职业教育必须顺应信息社会的发展，将培养学生能够适应未来信息社会的职业能力作为根本目标，在教学中不仅要注重提升学生未来参与岗位工作所必需的信息技术能力，更要以信息化教学为手段使这一过程的效果最大化，而教育教学与信息技术深度融合是实现这一目标的根本方法。

（四）发展性原则

对于任何个体或组织来说，发展是硬道理。发展的实质是新事物的产生和旧事物的灭亡，这是一种可持续迭代更新的过程。为了学生的发展和

第三章 "人字梯型"教学模式的模型构建

进步是一切教学活动开展的根本目标,所以发展性原则可以说是目标性原则,构建职业教育"人字梯型"教学模式的根本目标是通过优化教学最终促进各个要素的发展。把握和遵循发展性原则,"人字梯型"教学模式才能以发展这个终极目标为引领始终坚持正确的人才培养方向,才能协调充分调动职业教育教学生态中的各个要素并形成合力,最终实现更好的发展。

"人字梯型"教学模式坚持发展性原则包含两方面的内容。

其一要实现可持续发展。坚持发展性原则,是指发展是没有尽头且不能中断和停止的,即要实现可持续发展,这对学生来说至关重要。如果教师和学生一旦认为某个层次或某个等级是奋斗的终点,那么当达到这一目标之后便会停止努力,最终的结果便是在社会发展的滚滚车轮下学生止步不前,最终被社会所淘汰。因此,"人字梯型"教学模式中要满足各个要素本身和彼此关系的可持续发展诉求,以培养创新精神和创新能力为基点,激发个体的内在生发力,让个体在不断追求进步、追求卓越的过程中实现可持续发展。

其二要实现共同发展。如果撇开教师发展谈学生发展、撇开学校发展谈企业发展、撇开通识知识谈综合能力提升都将陷入人才质量难以持续性提高的困境,因此要以共同发展为原则打造一种生生不息、充满活力的教学生态。"人字梯"由两个主要支架互相支撑,其最终能够达到的高度是由两者共同的高度和开合角度决定的,任何一个支架较短都将使人字梯整体高度变低,"人字梯型"教学模式也是如此。首先,我们在关注学生发展的同时也要看到教师能力提升对其产生的促进作用,不能矫枉过正更不能顾此失彼,必须认识到两者之间的相互促进和共同发展的内在关系。其次,学校需要培养出更高质量的人才来铸就其教育品牌和教育影响力,而企业也需要能更好地适应工作岗位的高素质技术技能人才来提升竞争力和实现发展,学校和企业也是一种唇齿相依、相互成就和促进的关系,要以共同发展作为根本原则。最后,通识知识和专业知识是学生综合素质提升必不可少的内容要素,职业教育在提升学生职业技能的过程中要认识到通识知识在培养学生情感、态度和价值观过程中的重要作用,要以通识知识、专业知识的互相补充和共同发展来提升学生的整体素质及能力。

三、"人字梯型"教学模式的核心要素

柯林斯（Collins）、布朗（Brown）和纽曼（Newman）在研究了新手转变成专家的过程后提出的职业教育"认知学徒教学模式"中将"内容、方法、结构（顺序）和社会性"作为核心构成要素。顺应现代信息技术在职业生涯中扮演重要角色的发展趋势，信息技术不仅是教学内容的组成部分，同时也广泛渗透于教学方法中，更是搭建职业教育教学平台的重要手段。因此，"人字梯型"教学模式主要由"教学内容、教学方法、教学平台、结构（顺序）和社会性"5个要素（维度）构成，如表3-1所示。

表3-1 "人字梯型"教学模式的核心要素

维度（要素）	关注要点
教学内容	领域知识、启发式策略、控制策略、学习策略
教学方法	示范、指导、搭建脚手架、清晰表达、反思、探究
教学平台	线上教学平台、线下教学平台
结构（顺序）	复杂性的递增、多样性的递增、全局技能先于局部技能
社会性	情景学习、实践共同体、内部动机、利用合作、利用竞争

（一）教学内容

"构建一种教学模式，内容设置是核心问题。"[①]总体来说，一方面，"人字梯型"教学模式以促进学生职业能力发展为最终目标，而"个体职业能力的高低取决于专业能力、方法能力和社会能力这三要素整合的状态"[②]，因此在教学内容选择上要同时兼顾通识知识和专业知识，保证教学内容的全面性和整体性。另一方面，根据马克思关于人的全面发展理论，在具体的知识教学过程中，教学内容要"打通理论和实践的界限"，通过

[①] 曲宏歌，姜淑兰. 思政课三位一体教学模式的探索[J]. 学校党建与思想教育，2021（16）：57-59.

[②] 姜大源. 职业教育研究新论[M]. 北京：教育科学出版社，2007.

教学资源、教学空间、教学内容和教师队伍之间的整合,实现理论课程和实践课程比例的动态调整①,保证教学内容传授能取得实际效果。

根据知识内容的作用不同,职业教育"人字梯型"教学模式中的教学内容可以分为领域知识内容和策略知识内容两大类,其中策略知识又包括启发式策略知识、控制式策略知识和学习式策略知识。

1. 领域知识内容

领域知识内容主要是指职业教育中与学习者所学专业相关的基本事实、概念和原理等具体知识,对应于职业教育"人字梯型"教学模式中的专业知识。"人字梯型"教学模式在知识选择上遵循学生全面发展原则,更加强调专业知识和通识知识的互相补充、共同促进,其中专业知识更好地对应了职业教育"职业性"的本质特征,着重培养学生在专业领域的职业技能。专业知识更加导向于让学生成为相关专业领域的"精专"人才,既能精于高难度典型工作任务,又能专于一般难度工作任务;在专业领域中不仅能够精于理论原理的解释反思,又能专于实践工作的具体操作过程。因此,"人字梯型"教学模式的领域知识从根本上保证了人才在相关领域的专业性。

2. 策略知识内容

策略知识内容主要是指用领域知识来解决职业工作岗位中实际问题的知识,从某种程度上对应了职业教育"人字梯型"教学模式中的通识知识,这是由通识知识对人才思维提升、思路开拓、道德指向和方法提炼中的影响决定的。对于学习者而言,往往从那些与专业不甚相关的学习情境中涉猎获得的知识会成为学习者赖以学习专业知识的基础能力。

(1)启发式策略知识。具体来说,"人字梯型"教学模式的启发式策略知识主要指向对完成某一工作任务具有技术和方法指导的相关知识,这种知识更加类似于问题解决知识。在工作岗位实践中是将学习者所学的相关知识和经验与现有任务进行有机联系并整体考虑,设计更有利于问题

---

① 习凌冰. 现代学徒制背景下高等职业教育教学模式研究[D]. 重庆:西南大学,2017.

解决的技术路线，选择更有利于问题解决的方式方法。因此，"人字梯型"启发性策略知识是一种在任务开始前和任务开展过程中根据具体问题来调动相关的专业知识（领域知识），并将这些知识有策略地应用到问题解决过程中的一种具有启发功能的策略知识。

（2）控制式策略知识。"人字梯型"教学模式的控制策略知识在具体工作任务中主要发挥监控功能，是用于监控任务执行状况和进度的一类策略知识，通常对整个任务的执行过程起作用。每一项工作任务的开展都涉及一个或多个不同的环节，在这些环节中每一步的失误都将会导致最终任务的失败。因此，每一位工作者都需要具备对任务过程的控制能力，这就需要一定的监控策略知识。具体来说，这种监控策略知识既有适用于所有工作任务的通用监控策略知识，如计划、检查、反馈、评价等策略知识；也有适用于具体工作任务的典型监控策略知识，如打印机使用过程中根据打印目标调用具体的标准、要求、规格来检查打印过程是否顺利进行。

（3）学习式策略知识。学习策略知识主要是指学习领域（专业）知识和策略性知识过程中用到的规则、方法、技巧和调控方式，既包括显性的操作步骤和操作程序，也包括隐性的规则系统。从本质上来说，"人字梯型"教学模式学习策略主要指向学习者学习效率的提升和学习效果的优化，可以通过在学习过程中进行自我提炼和自我总结，更加侧重于让学习者降低学习成本和精力损耗，即"学会学习"。而学习策略知识主要是通过一定的方法传授有目的地让学习者获得基本概念和原理，以期在学习中能够用于实践。

"人字梯型"教学模式的教学内容要保证学习者既提升通识能力，又提升专业能力；既获得专业知识，又获得策略知识；既能进行理论总结和反思，又能进行实践演练和操作。其教学内容更加兼顾专业性、实用性、迁移性和通用性，是一种能够促进学生学到知识、提升技能和学会学习的知识内容体系。

（二）教学平台

一方面，"职业性"是职业教育和普通教育的本质区别，内蕴了"实践性"的根本诉求；另一方面，信息时代在为教育教学赋能的同时也给知识打上了信息技术的烙印。基于这种内在逻辑，职业教育"人字梯型"教学需要线上的视频、虚拟仿真等数字化平台和线下的学校课堂、实训基地、企业工厂等实体平台的共同支持。前者使学生走向虚拟、开放、主动、个性自由，后者使学生走向现实、情境体验、知识建构和技能获得。以线上和线下两种场域为依托、学校和企业两种学习空间为载体，能够使学生获得紧跟信息时代发展、未来职业需要的开放视野和生存技能。

1. 线上教学平台

教育部等九部门印发的《职业教育提质培优行动计划（2020—2023年）》指出要"统筹建设一体化智能化教学、管理与服务平台"，《教育部关于深入推进职业教育集团化办学的意见》中指出要"建设就业、用工、招生、师资、图书、技术、管理等信息共享平台"。这些平台的搭建都离不开信息技术的参与。总的来说，在信息化社会，职业教育在发展过程中要通过打造职业教育联盟、信息服务平台等来整合数字资源、就业信息等方面的优质资源，实现以"平台"建设为依托的职业教育资源集中聚优，保障资源使用和信息共享中的过程公平。这种平台的开发既是资源自身融合更新过程中的内在需要，也是校企合作背景下对资源内容透明化的合理诉求，使教育资源能够彰显及时修复功能和协同创新功能。

互联网不仅改变了知识、信息的存储方式和呈现样态，更在无孔不入地改变着人们的学习、工作和生活，以"互联网+"为主要模式的信息技术与社会各行各业的"联姻"正在不断深化。"人字梯型"教学模式也需要以"互联网+职业教育"的形式搭建教学平台，成为集教学、管理与服务等于一体的教学实施、开展学习和信息共享平台。具体来说，"人字梯型"教学模式中的在线教学平台要广泛应用大数据和互联网等信息技术，通过紧密对接职业教育教学过程中的实践性教学要求，引入 VR/AR 等信息技术手段实现技能学习过程中的具体化、形象化和仿真化。教师根据教学目标和教学内容选取在线教学平台上的相关图片、视频等丰富资源，将具体任务的示范、指导进行情景模拟和场景再现；学生既可以根据提示和引导先行观看教学视频，形成初步认知，也可以在教师的指导和示范下获得立体化、多维度、仿真性的学习体验，足不出户便直接进行虚拟仿真、身临其境的实践演练。这种虚拟仿真教学更好地满足了职业教育中学生技能养成需要进行动手操作的根本需求，使学生能够获得更多优质教学资源和更加丰富的实践经验。

首先，从本质上来看，"人字梯型"教学模式中的线上教学平台是一个能够将学校的教材、课程和培养方案、企业的技术标准和工艺要求，以及用人单位的人才需求和质量规格进行整合汇聚的资源库。学校将学生培养方案、能力等级、课程计划、教材资源等信息发布到在线教学平台上，可以方便企业更好地获取人才信息；而企业将生产流程、技术标准、用人需求、操作演示视频等信息发布到在线教学平台，可以方便学校更好地对接行业产业需求、制定人才培养方案、开展更具有针对性的教学。通过这种"人字梯型"的双向需求表达和资源建设，在线教学平台将更好地实现资源集中、集约和集优功能。

其次，从形式上来看，"人字梯型"教学模式中的线上教学平台是一种通过多主体参与资源建设实现"此时无声胜有声"沟通对话的协同机制。学校和企业通过在线教学平台开展校企合作，将各自的目标、标准和需求进行明确表达；学校教师和企业师傅各自承担不同的教学任务，各自通过将教学进度在教学平台进行登记记录，对方就能清楚学生的基本情况和下一阶段的主要任务；教师和学生在教学平台开展教学、进行学习，教师可以通过查看学生的学习痕迹掌握学生的学习进度和学习效果，学生可以通过观看视频、回放查看任务和巩固学习。总体来说，在线教学平台可以通过校企双方发布相关信息和采取具体行动，形成表现整个教学过程和进度的大数据，任何一方可以通过查询数据获得更加可靠的信息，体现了一种以信息技术为支撑的沟通对话和信息交换关系。

最后，从功能上看，"人字梯型"教学模式中的线上教学平台是一种各主体在资源整合基础上实现资源借用和资源依赖的黏合剂。在线教学平台不仅能够更好地整合学校和企业的教学资源，更能够使学校和企业在双向建设中形成一种"人字梯型"的互相支撑及相互促进关系。学校更需要企业于在线教学平台发布的相关信息和资源,企业也更依赖、习惯学校通过在线教学平台展示的学生培养和发展信息。在这个过程中,"人字梯型"在线教学平台是加强学校和企业、教师和学生之间联系的黏合剂。

2. 线下教学平台

如果说"人字梯型"教学模式的线上教学平台更加指向信息公开和资源整合,那么线下教学平台将更加专注于学生的真实体验和情景化操作演练。"人字梯型"教学模式的成效直接取决于能否以实践为导向培养学生包括方法能力、专业能力和社会能力在内的职业能力,因此不仅需要虚拟的、仿真的实践体验,更需要现实工作场景中的具体的、真实的实践体验,这就需要搭建职业教育线下教学平台。

总体来说,"人字梯型"教学模式的线下教学平台可以是以教室、实训基地、企业车间为载体构建校内校外、校企合作的线下教学平台,构建一个能够实现校内教育和校外实践相结合、学生实训和实习相结合、通用能力培养和专业能力培养相结合的多维的、互动的实践教学体系。

首先,"人字梯型"教学模式线下教学平台要以学校课堂为基础。这里的课堂主要包括在学校里面的教室、多媒体教室和计算机房等普遍意义上的学校教学场所开展的课程。随着信息技术在教学中的广泛渗透,传统教学中教师完全占领知识高地进行"一言堂"式的课堂教学受到了挑战,但这并不意味着传统课堂教学完全失去了优势。虽然职业教育更加侧重培养学生的动手操作能力,但是实践技能的培养需要一定的理论作为支撑。从这个思路出发,"人字梯型"教学模式要重视学校课堂教学,通过模型展示、角色扮演、集体的面对面教学等方式保证学生"理论够用",并在有条件的基础上实现学生情境化认知建构。

其次,"人字梯型"教学模式线下教学平台要以实训基地为主体。学校要以职业鉴定标准和专业人才培养方案的具体要求为每个专业建立实训基地,并按照专业课程实训大纲要求开展技能实训,使学生获得初步的职业技能和工作体验。在实训基地中,能够实现从教师到学生的职业技能传递与修正，在师生之间形成一种实践互动关系，进一步发挥学生的主观能动性和参与实践的积极性。

最后，"人字梯型"教学模式线下教学平台要以企业车间为阵地。职业教育的教育对象是未来企业的工作人员，不同专业、不同岗位对应着不同的教学内容和操作环境。"庭院里练不出千里马"，企业是"人字梯型"教学模式中最贴近生产实际的线下教学平台，企业实践才是提升职业教育学习者技能最对口的学习场所。"人字梯型"教学模式要通过学校、企业"人字梯型"的交流合作和双向促进，安排学生在企业车间的具体岗位上进行观摩、演练和操作，以发挥企业车间的平台功能。

（三）教学方法

"人字梯型"教学模式在教学方法的选择上要以学生的主体性功能和教师的指导性作用发挥为出发点，整合学校和企业资源，以线上线下两条途径展开教学。可以采取学生自学、教师指导答疑、仿真模拟等方法开展线上教学，同时也可以采取在实训基地、企业、课堂中的建模、操作训练、演示观摩、反思探究等方法开展线下教学。具体来说，与"人字梯型"教学模式相关的教学方法主要可以划分为3类：第一类主要包括教师示范、教学指导和搭建脚手架，旨在让学习者通过教师的辅助作用在具体的学习情境中获得整套系统的技能；第二类主要包括清晰表达和反思，旨在让学习者能够获得进行主动的自我建构和掌控自己问题的解决策略；第三类主要包括自主探究，指向学习者独立完成任务并进行任务的探究深化。

1. 发挥教师辅助功能的教学方法

（1）教师示范。"人字梯型"教学模式中教师示范的教学方法充分考虑了职业技能形成过程的情境性和操作过程的隐性知识传递因素。一方面，职业教育与企业生产过程联系紧密，其职业技能需要与具体的工作情境相结合，因此不能仅仅通过口头讲授和原理解释性的教学方式，需要教师创建教学情境，利用一定的模型进行示范教学，让学生生成更加清晰具体的直观经验；另一方面，职业教育教学过程在不断向具体工作过程靠拢的过程中，不同学习者面对不同工作任务的不同工作过程的感受迥异，涉及更多的与操作程序和操作过程相关的隐性知识，这种知识难以进行文字化表述，因此只能通过教师的示范，让学习者通过观摩形成自己的规则和方法体系。具体来说，"人字梯型"教学模式中示范的教学方式是学校教师、企业师傅或专家通过展现某个工作任务的具体过程并解释涉及的原理和规则，让学生在专家将自我认知过程的心智模型（隐性知识）外化（显性化）的过程中建构自己的心智模型（隐性知识），即实现了隐性知识的传递和操作技能的养成。

（2）教师指导。"人字梯型"教学模式中教师指导的教学方法主要是指教师监督学生学习过程并提供帮助的方法，即通过教师有效监督使学生对易被忽略的环节引起注意，以更好地完成任务。在学生完成某一工作任务时，教师不能完全置身事外，需要对学生的操作过程进行监督和观察，并在必要的时候提供指导和帮助。具体来说，教师可以根据学生执行任务的进度和状况提供一定的暗示、反馈、修正、搭建脚手架、建立模型和提出新的任务等，以使学生的学习成效更接近示范者的方式。

（3）搭建脚手架。"人字梯型"教学模式搭建脚手架的教学方法体现了教师在学生学习中的支撑作用，指教师在学生执行任务的过程中通过搭建和拆除脚手架来为学生提供适时、适当、适机的支撑和帮助的方法。具体来说，搭建脚手架主要表现在教师在学生完成任务的过程中通过提供帮助、建议、暗示等方法，让学生通过脚手架的支撑作用顺利穿越"最近发展区"，实现知识积累和技能提升；而拆除脚手架主要是随着学生能力的提升，教师逐渐减弱这种支持，将对任务的主动权和控制权慢慢交还给学生，逐渐撤去脚手架。

2. 发挥学生主动建构作用的方法

（1）清晰表达。"人字梯型"教学模式清晰表达的教学方法是在教师引导下让学生清晰陈述完成任务的思维过程的方法，主要考察和锻炼学生运用知识进行推理的能力。具体来说，教师可以让学生在交流讨论、操作实践、作品展示中运用自己所学的知识，清晰地陈述自己所理解的关键点和程序步骤，将任务解决过程用到的知识、原理和推理策略等进行自我话语表达。从本质上来说，这是一个通过表达、叙述引起学习者主动思维的方法，能够让学习者在表达的过程中进一步发现问题和堵点、盲点，因为清晰表达的前提是清晰的思维过程。

（2）反思。"人字梯型"教学模式反思的教学方法是指学习者通过对比自己与教师或同伴的任务执行过程改进和完善自我认知模型的方法，这种教学方法指向学习者对任务的完善和修正。具体来说，教师需要引导学生将自己解决问题、完成任务的思维过程和内在认知模式与教师、专家、技术能手、伙伴等进行比较，以寻找其中的差异和共同点，在此基础上进一步完善、修订自己的操作程序和操作规范，获得更加指向任务成功完成的技能。

3. 鼓励学生自主完成任务的方法

"人字梯型"教学模式探究的教学方法更加侧重让学生自主完成任务，是指教师通过引导让学生在占据一定知识背景的基础上，在具体任务情境中搜集信息、检验假设和形成规则体系的方法。在使用这种教学方法时，教师要鼓励学习者自主选择任务、自主设计任务、自主执行任务和自主评价任务，运用与教师所教授的任务解决相同或相似的步骤或程序来对涉及的假设、方法和操作策略进行检验。

（四）结构

从概念内涵上来说，"结构"一词是指事物的不同部分之间的排列组合和数量比例，不同的结构将会决定该种事物不同的性能。"人字梯型"教学模式中教学活动的开展需要考虑各个教学要素之间的结构，即分配方式和排列组合方式。从知识内容角度来说，知识之间本身存在一种结构，教师需要按照知识的复杂程度将任务序列化，方便学生循序渐进地掌握知识和技能。即通过对任务的"解构"让学生更加清楚知识之间的内在联系，能够在学习过程中对知识结构建立整体性认知，实现知识的整合和自我建构。从学习活动顺序角度来说，学习活动的开展过程中也具有不同结构，结构不同所涉及的任务难度、情境和技能呈现方式都会有所不同。每一个任务都对应不同的结构，因此要说清楚每一种职业技能参与任务完成过程中的排列方式存在难度，但总体上需要遵循技能的复杂性递增、多样性递增和整体技能先于局部技能的原则。

1. 技能的复杂性递增原则

个体发展总是在发现新问题、解决问题中不断成长和进步的。瑞士心理学家皮亚杰的认知发展阶段论中提出了同化和顺应的概念，其中同化是将外部环境的有关信息吸收进来并整合到已有的认知结构（图式）中，这个过程不会引起认知结构（图式）本身的变化；而顺应是现有的认知结构无法同化外部环境的刺激，而引起学习者已有认知结构进行改造和重组的过程，这是学习者认知结构（图式）发生质变和思维不断发展的过程。"人字梯型"教学模式结构中的技能复杂性递增原则也遵循这一认知发展规律。即通过技能复杂程度递增来排序相对应的知识、原理、概念和技能，让学习者既能在同化中完善、充实认知结构（图式），也能在顺应中重构认知结构（图式），获得新知识、新技能。

具体来说，"人字梯型"教学模式结构中的技能复杂性递增原则是指如同"人字梯"越向上则代表难度增加的特征，教师需要通过搭建脚手架或任务排序的方法为学习者设计一系列难度逐渐增加的学习任务，并为其提供完成复杂任务所必需的知识、策略和技能。复杂程度不同的任务往往对应不同的概念、知识和技能以及对这些知识的排列组合。随着任务复杂性的递增，教师需要为学生的学习搭建脚手架，帮助学生应对更加复杂的工作任务。

技能的复杂性递增原则既符合知识传授由易到难的普遍规律，同时也符合学习者对知识的内在掌握从低级到高级逐渐递增的思维形成规律。我国古代专门论述教育的著作《礼记·学记》中曾指出"不陵节而施谓孙"，这句话指明了教育不能超越学生的接受能力而开展教学，要遵循循序渐进的原则。如何实现这一原则？除了要深入了解学生的"节"即能力水平之外，更重要的是在这个基础上合理地呈现知识内容和结构。将知识按照层次性递增的原则进行有序排列，让学生学习的每一步都能以前一段的学习为基础并挑战新的难度。

2. 技能的多样性递增原则

谢瑶和顾琴轩两位学者通过实证研究表明"工作技能多样化可激发员工效能感，使员工对工作产生拥有感进而提高创造力"，这有着深刻的内在心理机理。一方面，个体在认为自己具备多种工作技能并能够选择最佳技能完成任务时，会对工作任务产生极大的兴趣和高度的兴奋感，这种情感状态会让其更愿意思考从多角度出发解决问题，提高创造力。另一方面，随着工作难度的不断增加，往往需要多种技能来解决问题，个体也需要付出更多努力。在这种情况下，拥有多样化工作技能的个体往往更能在克服困难的过程中体会到成就感和胜任感，能够激励其从事更具有创造性的工作。可以看出，具备工作技能多样化对个体更具创造性地完成任务意义重大，因此要在教学过程中有意识地培养学习者的多样化工作技能。

"人字梯型"教学模式结构中的多样性递增原则主要是指通过工作任务的增加来建构多样化的任务环境，在这种环境中，学生需要打开知识库选择并提取解决不同任务的具体方法策略。通常来说，具体的、单一的工作任务所需要的解决策略和操作程序相对简单，是一种有针对性的问题解决过程；而复杂的、多样化的工作任务中学习者不仅需要具备处理单一任务的具体技能，更需要在混合化工作环境中处理多头任务的高级技能。因此，职业教育"人字梯型"教学模式的教学过程中，对具体任务顺序的排列和安排，需要以培养学生处理多样化工作任务能力为目标进行任务环境的多样化整合，让学习者既能够将同一技能运用到不同的工作任务中，又能在同一工作任务中使用多种技能从不同角度解决问题。

3. 整体技能先于局部技能原则

职业教育的根本目标是发展学生的职业能力，使其具备从事未来岗位工作的核心竞争力。而职业工作往往是与具体明确的工作任务相联系的，每一个工作任务又需要一个或多个工作技能协调完成。因此，在具体教学中需要对各个技能的学习顺序进行安排，使学生既能理解和掌握每一项具体技能,又能厘清完成某一工作任务所需技能之间的内在结构。这反映在职业教育"人字梯型"教学模式的结构中,即要在知识内容呈现上遵循整体技能先于局部技能原则。具体来说,主要是指通过将整体任务概念化的方式构建全局性轮廓,使学习者能够在理解和掌握整体任务结构的基础上进一步完成局部任务,以获得完成某一工作任务的系统化、体系化、完整性的规则程序。

"人字梯型"教学模式在开展教学的过程中,教师要具备全局性眼光,帮助学生建立对知识、技能的整体性认识和把握,明确总的任务要求和任务过程;在学生把握整体的基础上,再对具体任务进行解构,生成一个个具体的技能模块。这样,学生就会知道这个任务的最终目标和具体步骤是什么,并明确每一步如何展开以及需要做什么。避免了学生只是跟着教师的演示和示范往下做,而不知道最终的任务是干什么,这样的教学对学生来说只是技能的堆砌而很难在学生脑海中建立起整体性认知。从本质上来说,教师引导学生把握全局性的整体技能的过程,是一个为具体技能建立"线索"的过程,以"线索"为引领让学生具有更明确的目标,也更能理解、把握局部性具体技能的作用和全局性整体技能的主要结构。

（五）社会性

职业教育"人字梯型"教学模式中的教学场所不是孤立的、纯粹的、隔离的学校教室或课堂,而是延伸到了企业、工厂、实训基地、网络等社会化情境中,开展具备情景性、合作性、竞争性和主动性的社会化教学。总体来说,"人字梯型"教学模式中强调社会性主要有两方面的含义:一方面,要求教学要对接社会需求,以情景化教学开展更加贴近真实性的教学活动;另一方面,则要求教学过程以社会生活过程为方式展开,更加强调团队之间的社会性交往与合作,实现共同促进。具体来说,"人字梯型"教学模式中的社会性包括4个方面的含义。

1. 情景学习

情景学习是指通过构建与真实工作情境类似、相近或相同的学习情境，让学习者获得更加贴近真实的经验、知识和技能。一方面，职业教育"人字梯型"教学模式中的学习者是一种"学徒"身份，其技能获得过程是在"师傅"的指导和示范下进行观摩、练习、实践、交流、反思的过程，这种学习需要真实情景的全程参与，只有这样才能快速提升技能并获得真正意义上的职业能力。另一方面，任何一种技能最终都是指向实际操作和具体情境的，因此让学习者在完成真实任务的情境中学习可以有效培养学习者知识技能的迁移能力，在与知识技能生成环境进行交互的过程中实现真正意义上的认知建构。

2. 实践共同体

职业教育和普通教育最本质的区别在于职业教育以提升劳动者的职业技能为目标，内蕴职业性、专业性和实践性的本质要求，其教学更加侧重示范演练和操作实践，以培养学习者动手"做"的能力。职业教育"人字梯型"教学模式开展教学过程中要通过打造实践共同体来创建一个指向实践的教学环境。在这个教学环境中，教学者和学习者以提升动手操作能力为目标，以实践为主要方式，以具体工作任务和问题为主要内容，通过师生之间的切磋交流、经验分享使彼此的思维和推理过程显性化，以帮助学生在实践中更好地建构认知模型。强调打造实践共同体是"人字梯型"教学模式将理论部分和实践部分进行"人字梯型"双向构建的现实需要，"庭院里练不出千里马"，只有将职业教育的教学推向实践和工作过程，才能实现理论和实践的互相促进、相互转化。

3. 内部动机

从概念上来看，内部动机指向个体自发地对完成一件事情的内部认知，活动和任务本身就是个体所追求的目的。职业教育"人字梯型"教学模式在教学开展过程中要注重调动学习者的内部动机，使学习者更加主动积极地进行理论和实践学习。具体来说，激发学习者的内部学习动机可以从两个方面入手：一方面，教育者要主动创建能够更好地激发学习者内部学习动机的学习环境，让学习者能够在其中对工作任务本身建立起正确的认知，产生一种良好的情感体验。另一方面，教育者要帮助学生根据自己

第三章 "人字梯型"教学模式的模型构建

的兴趣来自主设定学习目标并寻求解决方案，更大限度地上放权给学生，让学习者在兴趣引领下不断实践探索。调动学习者内部学习动机是"人字梯型"教学模式社会性的一个重要方面，更加注重学习者自身的主动参与和兴趣，是让学习者持续努力并不断前进的动力。

4. 利用合作

社会化内蕴合作性特征，合作是社会成员彼此间进行实践和交往的重要方式，其在教学中具有促进学习成效最大化的重要功能。"人字梯型"教学模式在开展教学的过程中，要求教师鼓励合作行为的发生，促进教师和学生、学生和学生之间的交往合作，以集思广益、齐心协力地共同解决问题。教师在其中扮演指导者和支持者的角色，首先通过搭建脚手架支撑学习者自身对任务的理解和掌握，其次在此基础上鼓励和引导学生在同伴之间广泛开展合作，最终通过交流碰撞使思路更加明晰，发现问题的不同解决方式之间的优缺点。"人字梯型"教学模式通过开展合作式教学和学习，能够进一步拓展学习资源、拓宽学生思维，通过对学习过程中困惑、知识、经验、技能的交流和共享，形成一种"人字梯型"的相互促进、互惠互助关系，从而更好地完成任务。

5. 利用竞争

学习不仅是学习者的认知不断成熟和发展的过程，同时也是个体不断实现社会化的过程，合作与竞争是个体进行社会化交互的主要方式。事实上，合作与竞争是共同促进且相辅相成的，缺乏竞争的合作将会失去发展动力，而缺乏合作的竞争也将失去发展潜力。因此，"人字梯型"教学模式在教学过程中不仅需要鼓励学生开展合作，同时也需要引导学生展开竞争。具体来说，教师可以针对某一知识点给全体学生布置相同的学习任务，让学习者自主解决，并以一定的条件或荣誉等作为奖励，最后通过比较学习者完成任务的具体过程、结果来激励和改善学生的学习。在这个过程中，学生为了在比较中获得优势会处于一种应激状态，产生更强烈的动机，往往更能实现超常发挥。总的来说，"人字梯型"教学模式中的竞争是一种合作中的良性竞争，更加指向塑造学习者对完成任务的一种积极心态，即

113

通过竞争培养学习者独立思考和自主完成任务的能力。

四、"人字梯型"教学模式关系建构

关系从根本上反映了事物之间相互作用和相互影响的状态。"人字梯型"教学模式是一整套关于职业教育教学设计、实施和评价过程的规则体系，涵盖了教学过程中的各个关键要素。这些要素不仅自身发挥着一定的功能同时也与其他要素之间有着复杂的相互作用。因此，厘清各个要素之间相互影响和相互作用关系的过程同时也是一个定义"人字梯型"教学模式内在结构的过程。

（一）核心要素之间的结构关系

从各个要素的功能特征来说，"人字梯型"教学模式中的教学内容、教学平台、教学方法、结构和社会5个核心要素是一种相互促进、相互支撑、缺一不可的协同共生关系，共同构成职业教育"教学生态系统"。其中，教学内容的传授要以其余要素为支撑，即要确定以什么样的方式、在什么地方、按照什么顺序、遵循什么原则来传授知识内容。而教学平台是教学开展的外部条件和资源准备，定义了"人字梯型"教学模式中其余要素存在的必要性，缺乏一定教学平台支撑的教学将沦为空谈。教学方法是保证教学效果的重要方面，决定着职业教育其他要素的呈现方式和教学效率。结构体现了"人字梯型"教学模式中技能的呈现方式和呈现顺序，保证知识技能的易传授性和易接受性，也是学生对知识技能进行情境性建构的基础。社会则更强调知识技能传授过程中的方法策略，通过建立社会化交互关系和实施社会化行为来保证教学活动的有效开展，侧重知识的有用性和实用性。总体来说，"人字梯型"教学模式中的各个要素处于"教学共同体"中的不同位置，发挥着不同的功能并与其他要素相互影响、相互作用，共同促进教学效果的提升。

（二）职业教育内部的生态关系

从生态化治理的角度来说，"人字梯型"教学模式的教学生态系统主要包括"学校种群""行业企业种群"和"学生种群"[①],各个种群之间和种群内部之间形成了广泛的合作与竞争关系,是一种具备自主迭代更新能力和"造血"功能的职业教育生态。一方面,不同种群之间合作共治。"共治"更加强调行为过程的合理性,是一种复合型、合作性、包容性的决策模式,能有效提升职业教育的效率。"人字梯型"教学模式中的学校和企业、通识知识和专业知识、教师和学生、企业师傅和学生、线上和线下等要素之间形成积极互动的合作共促关系,通过"共治"促进"共生",促进多元主体的话语表达。另一方面,同一种群内部良性竞争。竞争是生态系统的基本样态。"人字梯型"教学模式的3个种群内部将为获取优质资源和生存空间展开竞争,这能够进一步通过优胜劣汰机制促进族群内部的迭代更新。因为竞争使各个主体产生了一种适度的"危机感",并处于一种警觉的"备战"状态。处于这种神经系统高度活跃和集中的状态下,各个要素将不断进行自我更新和完善,最终激活整个生态系统的生发力。

---

① 刘玉萍,吴南中. 职业教育生态化治理:价值内蕴与路径选择[J]. 教育学术月刊,2019(7):13-20.

第四章

"人字梯型"

教学模式的操作模式

一、"人字梯型"教学模式的设计

设计是一种基于某些要求和目的的创作行为,在教学过程中表现为教师对如何开展教学活动并科学地影响学习的内部过程所形成的一种主观预设。教学模式设计的开展以教学目标、学习者的学习行为能力、拥有的资源条件等为基础。通常教学模式设计的步骤分为:明确教学目标;明确教学活动的程序以及学习内容的发生顺序;明确各教学活动程序中所采用的教学方法;构建学习环境,包含物理空间、媒体资源、学习工具等;明确教师与学生在教学活动中的角色定位与交互方式;明确各教学活动采用的教学组织形式;明确其他约束条件。总的来说,"教学目标、教学起点、学习任务、学习环境、教学方法和效果评价"等是一种教学模式对教学过程进行设计时涉及的关键环节。

经济的发展与产业的转型升级对职业技能人才提出了更高的要求,传统的"理论+实训"的职业教育教学设计难以满足新时代背景下劳动力市场对高技能型人才的需求。教学设计是职业院校实现高质量发展的一项基础性活动和达成人才培养目标的程序化手段,其适切性和有效性直接影响职业院校人才培养质量。在传统的教学设计中,教师依然是教学活动的中心,教学目标更多偏向以获取理论知识为主导,且复杂的教学情境在教学设计过程中往往被忽略,以致学生难以搭建起与现实工作世界的联系,阻碍了学生职业能力与职业道德素养的培养。显然,讲授式和演练式的职业教学过程已经与培养学习者职业能力、综合素质双重能力的需求脱节。"人字梯型"教学模式的教学设计突破了传统教学设计的局限,秉承着先实践课程而后理论课程的思想理念,试图引导学生在学习转换过程中实现从"知道什么"向"能做什么"的过渡,共同培养可持续发展型职业人才,以更好地回应技能结构转型和劳动力市场提出的新要求。

"人字梯型"教学模式的设计需要摒弃传统职业教育教学模式,真正从学历教育的理念转变为立德树人与能力本位相结合的人才培养理念。在教学目标、教学起点、教学任务、教学环境、教学方法和效果评价等方面系统地贯彻新的培养理念,充分考虑并紧密联系职业教育的职业性和社会性等区别于普通教育的特征,从内到外建构起真正适合职业教育人才培养的教学模式。在"人字梯型"教学模式设计中,每一个环节的设计都应该紧紧围绕满足社会和学生个体的需求的立场,服务于职业教育人才培养的最终目标,因地制宜地进行设计,而不再是一味地借鉴和照搬普通教育的教学模式进行设计。"人字梯型"教学模式的设计是整个教育活动开展和教育体系运行的基础,科学合理的教学模式设计为教学实施和效果评价环节提供支持,有助于推动职业教育的高质量和可持续发展。

(一)教学目标

教学目标是对教学活动将使学生在知识、能力、情感价值观等维度上发生何种变化的明确表述,即教学组织者期待通过教学活动让学生所习得或内化的结果。教学目标是教学活动开展的领航向标,作为教学活动开展的根本方向和检验标准。设计教学目标时需要考虑的3个维度分别是知识与技能、过程与方法、情感态度与价值观,可以说教学活动最终指向使学生获得原理性的知识和能力、方法技能性知识和能力、道德素质性的知识和能力。其中,知识与技能是教学目标的第一层,通常指人们的生存活动中所必需的核心知识和技能;过程与方法是教学目标的第二层,通常指在学习环境的交往与互动中所需的方式方法和技巧技能,指向方法能力;情感态度与价值观是教学目标的第三层,通常指人们内化的学习兴趣和态度、人生态度与价值观等。

职业教育具有职业性的特点,以培养技能型人才为目标,职业教育教学活动的开展以理论教学和实践教学的有机统一为基础。然而传统的职业教育教学目标忽略了职业教育自身的特性,在教学目标设计过程中直接沿用基础教育的三维目标进行程序化表述,在实际教学活动中容易出现教学目标与教学过程脱离的现象。突出能力本位早已在职业教育领域达成共识,职业教育的目标应当注重的是学生个人职业能力的生长与建构,回答的是现代高质量技能人才应当具备的能力与素质的问题。

职业教育的教学目标设计应符合职业教育的特点,突出表现现代职业所需求的知识、能力与素质。三维目标的设计应当基于职业与个人职业生期发展进行，在"人字梯型"教学模式中，三维教学目标设计有着独特的内涵。第一，设计知识与技能目标指确定目标，使学生能够获得与职业相关的基础理论与概念体系及其背后的逻辑思维与行为方式。即主要通过职业教育教材与配套练习掌握应用学科的理论知识和实践知识，让学生在脑海中建构起对整个学科知识的经验与理解，同时内化成为潜在的实践能力。第二，完成工作所需的技能及方法，以及完成类似工作和相关工作的技能方法体系。主要指的是学生进入现实或模拟的生产场所能够将所学的理论知识转化为实践，能够完成工作所要求的流程或程序，并且能够将技能迁移运用到同类型岗位中。第三，职业道德与素养，即个人所内化的岗位技能之外的素质能力，对学生个人实现职业道路的可持续发展具有重要意义。主要指的是学生在学习过程中形成了工作岗位所需的"软技能"，通常与个人品德素质等相联系，能够为学生在工作岗位实现个人的长远发展提供创新的、有前瞻性的决策思路。

"人字梯型"教学模式的三维教学目标能够真正立足于职业教育本身，切实将学生作为教学活动中心，充分发挥教师的"支架"作用，实现教学目标与教学过程的有机统一，促使两者更好地共同服务于职业教育人才培养目标的实现。

（二）教学起点

20 世纪 80 年代初，潘懋元教授提出教育内外部关系规律学说，认为在教育外部教育必须和社会的发展相适应。在教育体系中，职业教育则是一种与社会经济发展结合得更为紧密的教育，职业教育人才培养目标往往与社会经济发展规律相适应。职业教育受到社会宏观环境中经济、政治、文化等方面制约同时又为其服务，职业教育的发展过程也在主动地适应社会发展要求，职业教育的每次变革都会伴随着社会发展需求的变化。因此，职业教育的教学起点设计在满足基本教学目标，围绕学生中心的同时，还需要密切联系宏观社会背景。

首先，要以教学目标为导向设计教学计划。"人字梯型"教学模式对教学起点设计的基础是对教学目标的分析。因为教学目标为教学计划提供了设计的参考点,教学计划将教学目标分解并融入教学活动的各个环节中。将教学目标与教学过程有机结合,能够确保教学计划的科学性和有效性。脱离教学目标设计教学计划将会使教学过程脱离人才培养目标,而以教学目标为导向进行教学设计、创设教学情境、匹配教学策略,激发学生的学习热情,引导学生自主进入学习实践情境,通过教学过程互动提高教学效果,最终达成教学目标。明确而具体的教学目标使教学计划的开展具有可操作性,同时以教学目标为导向设计教学计划能够将职业教育人才培养目标贯穿于整个教学活动过程中。

其次,要对学生的学情有准确把握,有针对性地开展教学。关于"以学生为中心"的思想可以追溯到 19 世纪末美国进步主义教育,它更加强调学生学习和生活的完整性,主张以社会生活为起点让学生掌握社会文化和社会意义,后来则发展成为关注学习社会和情感发展,以及学生个人需求的满足、如何生存、成长以及应对环境不确定性等。"以学生为中心"的教育理念在职业教育领域经历了一次又一次从模糊走向成熟的改革与实践,该理念在职业教育的发展进程中不断拓展与生长。"以学生为中心"的职业教育教学关注学生的现实素质能力和可能达到的素质能力,并在教学活动中不断拉近两者之间的距离,在"人字梯型"教学模式的教学起点设计中要从学生的现实学情出发制订教学计划。根据学生职业相关的现实需求、未来职业变迁需求、个人全面发展需求等,确定满足学生需求的知识能力与素质等,以此为基础进行培养目标等的确定。再将需求转化成为具体的学习实践内容,通过教学活动建构合适的学习情境、选择恰当的教学组织形式和方法促进教学效果的达成。

最后,要对社会需求进行分析,以明确人才培养的社会标准和规格。职业教育服务社会发展的功能与特点决定了"人字梯型"教学模式中教学起点的设计需要立足于社会需求,只有从社会需求出发职业教育才能更好地做到为社会的发展服务。随着信息技术的发展与工业生产方式的转型升级,社会对技能型人才实现技能转型的需求尤为迫切。然而传统职业教育培养的技能人才与劳动力市场所需的技能人才脱节,造成大量工作岗位空缺的同时也面临大批失业人员的局面。职业教育培养的技能人才最终都要走上社会中的工作岗位，因此，"人字梯型"教学模式中对教学起点的设计要基于对劳动力市场和社会需求的实际调研与长期预测。预测未来社会需求的变化与走势，分解满足社会需求所需的知识与能力要素等并将其与职业教育教学目标与活动相联系，确保最终劳动力市场的人才供给与社会需求能够匹配。

（三）学习任务

设计教学任务是教育者根据教学目标和教学计划，选择和组织知识与内容，通过合适的教学方式在一定的教学情境中呈现教学活动的过程，设计教学任务是教学中关键的环节，对教学目标能否实现具有直接的现实意义。教育者需要从教学起点出发，根据教学大纲综合考量现实情况来设计教学任务，科学安排并落实教学任务。通常，在教学中为实现不同维度的教学目标需匹配不同层次的任务。

"人字梯型"教学模式下，为更好地对接产业需求，职业教育教师需要采用逆向思维进行课程开发，从学习需求和学习成果出发，所有教学任务都要围绕如何满足需求、如何实现学习成果进行设计。进行课程开发前，教师的首要任务是明确学生学习课程后应该掌握的知识、技能和素质等。这种学习结果在职业教育中通常指的是掌握从事某种职业所需的知识和技能等，常常与产业需求和岗位要求产生联系。具体来说，职业教育教师进行课程开发需要经过以下流程：

一是进入行业、深入工作岗位、熟悉工作流程，有针对性地分析岗位中的典型工作任务，识别完成岗位工作所必需的关键知识与核心技能等，全面把握相关行业产业生产发展现状并科学预测其未来需求变化走势。职业教育的职业性决定了学习任务的设计需要在对劳动力市场、行业生产环境、工作岗位的深刻理解基础之上，而这种理解需要设计教学任务并让承担教学任务的教师真正走进市场、行业与岗位之中，是在真正的体验与实践之后获得的。

二是在上述基础之上，将所识别的来自工作场所所需的知识和技能与教学活动有机结合，将其转化成为可实施的教学任务。最后对形成的每个教学任务按照工作程序及其内在发展逻辑进行组织和编排，按照层次性递增的办法将学习任务呈现给学生。从课程设计上让学生从课程开始就能了解自己在这门课程中应该完成的学习任务和达成的学习目标，同时确保职业教育人才培养的目标与结果与劳动力市场的需求和变化有效匹配。

（四）学习环境

"人字梯型"教学模式中教师要充分关注学生的学习动机和学习需求，多形式激发学生参与学习的兴趣，在教学过程中注重合理科学地使用教学资源，同时创设适宜的学习环境，让学生在学习活动的开展过程中逐渐形成能力。"人字梯型"教学模式中学习环境的设计要求教师搭建学习资源与学习环境之间的互动与联系，帮助和引导学生在学习实践过程中将理论知识转化为分析解决实际问题的方法和工具。同时为学生提供多样化教学资源，促进学生自主学习，形成终身学习的能力。

关注教师和学生的双向促进。"人字梯型"教学模式摒弃了传统职业教育中教师主导教学全程的教学方式，摆脱"权威的知识传授者"形象，重构教师与学生之间的互动模式。传统的职业教育中师生的互动模式是属于单向的、权威的单向互动模式，教师照本宣科地将知识和技能传授给学生，学生则是被动的接受者，其个人的主体参与性以及个人的可持续发展能力被忽视。在"人字梯型"教学模式下，职业教育教师的角色转变成为互动型的专业引导者，也是服务型的人才培养专家。学生的自主学习发展能力等人才培养目标促使教师转变个人的教学行为和理念，并对教师自身素质提出了更高的要求，推动教师在职业生涯中寻求个人专业化发展。教师以学生为中心进行引导和互动，基于学生需求和个人发展进行课程情境创设，教师成为教学活动的设计者和引导者，激发和引导学生在学习活动中的主体意识，使学生在学习中成长与全面发展。在这种双向促进的师生互动模式下，能够快速形成师生共同成长与发展的良好氛围，推动职业教育的高质量发展。

实现线上线下教学的有机结合。"人字梯型"教学模式将线下教学和线上教学的优势相互结合，在线下课程系统掌握知识和技能的同时，学生可以根据自身实际需要，自己把握学习节奏进行线上学习，充分发挥自我导向学习。在教学设计过程中建立起线上教学和线下教学的沟通联系，突出教学设计的系统性和层次性，为学生提供多样化的在线教学资源，促进其自主学习，鼓励学生根据具体应用学科的学习目标和学习任务对在线资源进行全面检索筛选与学习，引导学生充分利用线下与线上空间开展全面综合的专业学习与实践，对学生的能动性与创造力开发具有重要意义。同时注重协调线上教学和线下教学的内容与目标的连贯性与互补性，通过线上教学为线下教学提供丰富的教学资源，优化混合教学环境并注重学习资源的个性化体现，不断推进线下传统课程的改革与创新，协同两者在教学和育人方面的合作，持续深化职业教育的教育价值。

促进传统课堂教学和企业实践的融合发展。在职业教育中加强校企合作是一种面向市场需求的实践教学模式，注重专业理论学习和进入工作场所中实践并举并重，让人才培养深入企业生产环节，降低职业院校人才培养和社会需求之间的偏差风险。"人字梯型"教学模式下的专业课程积极探索课程教学与实践教学的融合，将企业实践引入教学环节，为学生提供将理论知识转化为实践能力的空间，让学生直接面对实际生产，促进学生实践能力和创新能力的突破，进一步提升学生个人综合职业发展能力。课堂教学与企业实践的融合发展能够更加直观地反映行业生产对人才需求的变化，实现传统教学向产教融合的跨越与突破，促进职业院校课程的改革以更快的反应速度应对市场需求的变化，推动职业院校人才培养从供给学历向供给现代高质量技能人才转变。

与传统的职业教育不同，"人字梯型"教学模式对教学环境和资源的灵活性、多样化有着更高的要求，在学习环境的创设中关注来自不同途径学习资源以及知识获取途径的整合，尤其是与来自应用学科相关的生产方式和岗位流程的教学资源、工具等。"人字梯型"教学模式的学习环境设计依赖丰富的、与时俱进的教学资源平台的搭建，在创设学习环境之前要求教师充分把握教学目标以及分析达成教学目标所需的支持条件，同时通过获取社会支持等途径拓宽学习资源获取途径。在设计教学环境的过程中要充分合理地把握与分配各类教学资源，注重职业院校学习环境与未来工作场所环境的衔接、合作与交互，真正促进教学效果的最大化。

（五）教学方法

传统教学方法设计的主要参照标准来源于教学大纲，要求教学方法与教学内容、学生接受能力保持相对一致，教学过程与学习活动的弹性和张力受限。传统职业教育模式下的教学方法单一且局限，教学方法的设计将教师作为整个教学活动中的主导与权威，由教师为主体实施教学活动的全过程，忽视了学生本能够承担或应该主动承担的教学任务，学生的学习过程是被动式的接受。"人字梯型"教学模式下的教学方法着重突出职业教育的特点，结合时代发展背景积极引入创新思维，突破传统职业教育观念，以创新性的理念彰显职业教育的特色教学方法。"人字梯型"教学模式下的教学方法设计要真正与教学目标相匹配，就要对教学任务中涉及知识有足够的了解，对于不同的知识选择恰当的教学方法，同时学生特征作为教学方法设计参考的重心能够在教学活动过程中贯彻学生的主体地位。另外，教师自身的综合素质能力以及对教学资源的统筹规划同样影响教学方法的设计。具体来说，设计教学方法需要全面地、综合地考虑知识特征、学生偏好、资源准备、教师能力，根据适用、有效的标准因地制宜地选择恰当的教学方法。

1. 知识特征

职业教育与工作场合生产环境的紧密联系决定了职业教育知识体系的特殊性，不同的知识自身所固有的特征决定了教师在教学活动过程中呈现方法的差异性，面对职业教育的理论知识与实践内容，在设计教学方法的过程中就要充分考虑掌握不同类别知识最快速的方法并将其引入教学活动过程中，同时根据不同知识的组织方式与习得过程，创设相应的学习环境以及准备有关的学习工具。"人字梯型"教学模式中引入了来自现实企业环境和工作场所的知识与技能等，尽管经过教学化处理，它们依然与传统理论知识有所区别，使职业教育的知识体系更为复杂；同时因为职业教育与社会劳动力市场需求紧密相关的属性促进了其知识体系的更新速度加快，对不同来源知识特征的准确把握能够提升教学方法设计环节的针对性。

2. 学生偏好

在行业发展环境的变化、生产方式的转型以及知识更新速度的加快等因素的交互作用下，职业教育的学习方式逐渐发生转变，更加注重学习的自主化、个性化。同时在互联网时代学生接收信息的机会逐渐增多，信息类型多样化，对知识类型、需求更加个性化，学生更愿意选择主动获取知识的学习方式。因此，在教学方法的设计过程中，教师应当充分考虑学生群体的学习偏好，并充分认识到学生的知识、态度以及个人自我导向学习的技能是达成职业教育目标的关键要素。"人字梯型"教学模式下的教学方法设计应当在全面考虑学生自身能力、需求的基础之上，将其放在整个学习过程的积极参与主体位置上，激发学生的主动性、为学生的知识获取和技能的形成提供支持，服务于学生知识技能体系的建构以及终身职业能力的发展。

3. 资源准备

优化和升级教学资源是提高教学方法改革有效性的基础和关键，"人字梯型"教学模式下，资源的准备与建设要考虑如下因素：①教材与练习。将理论知识和实践知识按照层次编排，确保内容的及时更新与多元化，为学生搭建系统的应用学科知识体系。②建设实训基地。为学生提供现实工作场所学习环境，引导学生在做中学，提高理论转化为实践的能力，在做与学的互动中实现个人职业能力的内在生长。③信息化教学资源。打造在线信息资源平台，为师生提供实时的多边的交流互动平台，激发学生学习的积极性，丰富职业教育教学的内容资源和教学方式，拓展新的教学情境空间，促进职业教育教学方法的灵活与个性化。"人字梯型"教学模式的教学方法设计需要基于教学资源准备现实情况，加强教学资源建设，从教材练习、实训基地及其他信息化教学资源等方面提供支持。

4. 教师能力

"人字梯型"教学模式下的教学方法设计对教师自身的专业能力与综合素质提出了更高的要求，教师除了要具备基本的道德素养和教研、实践能力，还应发展优化教学方法、资源等的信息化素养，同时保持对劳动力市场与生产行业的敏锐嗅觉和创新思维，并不断向理论扎实、实践熟练的优质"双师型"教师发展。教师是学习活动的设计者与引导者，是参与教学方法设计的主要人员，教学方法设计的科学性、有效性在一定程度上受到教师自身能力素质的影响，同时教师能力会影响自身对教学方法的把控。因此，"人字梯型"教学模式对教师的综合素质能力有更高的要求，对教师能力的把控直接影响教学方法实施的效果。

（六）效果评价

职业教育效果评价是促进职业教育高质量、可持续发展的重要保障，对推动职业教育的内涵深化与外延拓宽有现实意义，同时职业教育效果评价也是职业教育发展的领航向标。"人字梯型"教学模式下的教学效果评价在关注就业质量、技能培养的同时，还关注学生个人自我导向学习能力与终身学习能力的养成，这需要纳入企业等多元主体共同评价。总的来说，"人字梯型"教学模式下的教学效果评价设计需要从评价主体设计、评价周期设计、评价过程设计、评价要素设计等方面系统建构。

在评价主体设计方面，要求校企双导师共同参与。深化产教融合、校企合作是职业教育实现内涵式发展、推动高质量技能人才培养的重要途径，在职业教育体系中校企双导师制成为主要培养模式。传统的校企合作中，学校导师和企业导师缺乏沟通，两者孤立培养，不同场所的学习成果难以衔接，导致教学过程与教学目标出现偏差。"人字梯型"教学模式将企业导师纳入教学效果评价中，促进评价机制的内外沟通，统筹学校内部质量监督与学校外部的现实价值监督。校内导师与企业导师共同参与到职业教育教学效果评价中，能够全面掌握学生在校内理论学习和校外工作场所实践的状况，帮助学生有针对性地进行自我导向学习，系统促进职业教育人才培养目标的真正达成。

在评价周期设计方面，强调将短期和长期效果考核相结合。短期效果评价根据阶段性学习成果进行评价，在评价基础上寻找下一步改进的空间，及时调整教学方法与学习策略等，确保阶段性的学习成果能够为最终的学习目标而服务。长期考核能够充分将过程性评价和结果性评价进行有机结合，能够推动人才培养的高质化改进和未来教学活动的科学化实施。个人技能体系的形成是阶段性地从某一个岗位进而到一类岗位，最终触达其他岗位的，短期评价与长期评价相结合符合个人技能体系形成的特征。"人字梯型"教学模式下教学效果的评价周期讲究阶段性和系统性，在教学过程中的不同阶段将短期考核和长期考核相结合，建构科学合理的教学效果评价周期。

在评价模块设计方面，强调线上与线下过程同步考核。线上与线下教学相结合的混合教学中，教学目标的实现除了依赖科学合理的教学设计和教学活动的实施外，还需要对学生的线上、线下学习过程进行监督与评价，并形成个性化反馈报告，帮助学生更好地实现自我导向学习。通常，线上学习的完成很大程度上取决于学生个体的态度、需求以及能动性，因此线上学习的考核在对学生学习过程数据检测、对学习成果进行鉴定的同时还需要考虑学生的自我评价。线上和线下混合的教学效果评价注重评价的发展性价值，更关注评价对教学活动和学习过程的促进作用。

在评价内容设计方面，理论与实践能力并举进行综合评定。"人字梯型"教学模式要求职业教育培养的是具有扎实专业理论知识同时具备职业应用技能的人才，教育效果的评价要求注重对学生理论知识与实践能力并举并重考察。理论知识的学习能够帮助学生塑造个人基本职业道德，形成正确的价值观，培养个人创造力和促进自我意识的内在生长，实践知识与技能的学习能够贯彻能力本位，帮助学生掌握胜任岗位与实现职业长远发展的技能，通过落实理论与实践能力并举的教学效果评价，以真正实现高质量技能人才的培养目标。

对职业教育效果评价的设计是事关职业教育目标能否实现的关键环节，效果评价体系的建构横向需关注多元主体的参与、不同学习形式的有机结合、不同阶段学习成果的衔接以及明确评价内容的安排，纵向需关注学生个人的可持续发展能力与终身学习的能力，最终形成科学、系统的评价体系。

二、"人字梯型"教学模式的实施

传统职业教育的教学模式通常是先在课堂中完成基础理论知识的教学，然后再开展实训实践课程，将理论知识与实践环节割裂开来。在这种教学模式下，掌握的知识因不能及时地实践而导致理论和实践环节脱节。传统的职业教育仍然以学校老师为教学活动主体，企业在参与教学过程中被边缘化，课程中的知识缺乏与现实工作岗位的沟通互动，导致职业教育人才的培养最终与劳动力市场的需求产生偏差。学生的角色是被动的知识接受者和程序化的实践实施者，同质的知识传授忽视了学生的个体差异，伴随着学生需求被弱化，在整个学习活动过程中学生都难以真正将知识内化并转变成个人素质能力。教师在教学活动过程中对知识进行讲解、演示、指导和评价，而学生则对教师的教学行为进行相应的反应，在课堂中倾听、观察、模仿和练习（见表 4-1）。传统职业教育的教学模式在很大程度上沿袭了普通教育的教学模式，只是在普通教育的基础之上增加了同样采用集中授课方式的实训实践板块，没有从职业教育自身固有的特征如职业性、社会密切关联特性等的起点出发进行整个教学模式的设计，尚未摆脱学历教育的桎梏，未真正贯彻落实能力本位与高质量技能人才供给要义。

表 4-1 传统教学模式

教师	学生
讲解	倾听
演示	观察
指导	模仿
评价	练习

职业教育所培养的人才最终都要走向社会、走上工作岗位，站在就业前准备和劳动力可持续发展的立场上，"人字梯型"教学模式将工作场所

的实践环境引入教学情境中，在实践环境中、以工作过程逻辑为中心的框架中建构起教学过程，一改传统孤立地看待由学校提供的职业教育和围绕工作岗位开展的职业培训的局面。教学课程体系基于校企深度合作与工作任务开发而成，课程设置的针对性强，教学内容与工作岗位任务直接对接，教学实践性强，同时兼顾学生个人职业发展需求。在教学活动与实践过程中，将获取经验等自我建构的过程性知识作为主要目标，以教学过程涉及的各要素之间的双向互动与促进、层级提升作为核心理念。"人字梯型"教学模式实现了教学过程与工作过程的对接，通过教学情境与企业环境的融合更有利于学生技能的培养，他们更容易接受企业文化的熏陶，在走上工作岗位时能够更快速地适应工作环境。注重线上教学与线下教学之间、教师和学生之间、理论与实践之间、专业知识和通识知识之间的互动与促进，充分协同各要素共同服务于职业教育人才培养目标的实现，并且通过开展包括资讯、决策、计划、实施、检查和评估等思维阶段的结构完整的工作过程以实现系统化教学（见表 4-2）。

表 4-2 "人字梯型"教学模式

具体工作任务	工作过程	教学/学习过程	
		教师	学生
如打印机使用、汽车发动机维修、楼体高度测量等具体任务	资讯	明确任务，提供具体知识材料（视频、讲义）或获取知识途径（网站、链接）	获取信息，知识整合、练习巩固和效果自查
	决策计划	知识检查，提供选择、支持信息和程序信息	制订计划，确定步骤、程序、过程和方法
	实施	修订计划，提供材料、工具情境、示范和指导	实施计划，进行观摩、实践、操作和练习
	检查评估	检查任务，提供标准、发现问题并引导学生解决	效果优化，对接标准、自查任务、发现并解决问题

在结构上,"人字梯型"教学模式教学实施中,外层是由工作过程、教学/学习过程之间构建起的"人字梯型"架构,体现的是在职业教育中,对企业生产流程以及岗位工作过程进行深度调研,提炼企业生产与工作过程中所要求的核心知识与素质能力等,并将其通过教学化处理,融入职业教育的教学活动与学习过程中,确保学校教学活动与工作场所之间实现有机衔接与互动。即"人字梯型"教学模式的外层是将企业生产方式与工作流程经过教学化处理并融入教学中的职业教育属性。内层则是由教学过程和学习过程,以及承担的主体教师和学生之间搭建起的"人字梯型"架构,体现的是在教学和学习两个过程中,教师与学生角色所发生的转变。教师在教学活动中承担组织者与引导者的角色,基于学生需求和人才培养目标,将工作场所的知识与技能进行教学化处理呈现给学生,并为学生的学习创设相应的学习环境,整合有关学习资源等,引导学生进行自主学习,促进知识和技能的掌握与内化,确保学用一致,提升学生个人胜任工作岗位的能力。即"人字梯型"教学模式的内层体现的是教师和学生在教学活动与学习过程中的互动关系与交往模式,并且这是教学相长、双向促进的关系。

(一)"人字梯型"教学模式的总体实施思路

1. 获取任务相关资讯

工作过程中的第一个具体任务是获取任务相关资讯。资讯主要是指教学活动设计与实施过程中所需要信息与材料等,通常包括对学生能力与需求、应用学科相关生产流程与工作过程、人才培养目标等背景性知识的了解,在前面信息的基础上形成与整合教学视频、讲义、练习题等具体的知识材料,并拓展学习网站、链接等知识获取途径,以及其他相关教学信息资源。在教学过程中,教师明确教学目标与教学任务之后,在充分考虑学生个性化与多样化属性之上,为学生提供具体知识学习材料,同时充分利用互联网平台为学生提供在线知识学习与获取的途径。教师以人才培养为主线,同时参照应用学科相关行业产业的人才需求状况确定人才培养的目标,通过分析胜任岗位所必需的知识和能力,并将其细化成为不同的知识能力单元，识别并选择呈现能够达成知识能力单元的相关资讯。学生则在教师的组织与引导下，充分发挥能动性，当学生对其他学习内容感兴趣或者有补充需求时，可以通过线上资讯获取途径等自行寻找资讯进行学习，自主获取信息和学习知识，并对来自不同学习途径的学习成果进行整合深化，同时通过练习、作业等方式进行个人学习成果的巩固和学习效果的检查。获取任务相关资讯的工作过程是"人字梯型"教学模式实施的基础，资讯资源的建设需要政府、社会、企业以及学校共同参与，在资讯的获取过程中需要充分融合线上和线下的教学资源，通过多种渠道拓宽教学资源的供给和支持，同时可以搭建教学资源共享平台，供学生根据自己的需求自主选择合适的教学资源进行学习。

2. 形成问题解决策略

工作过程的第二个具体任务是决策计划。工作过程中获取资讯后，通过对资讯的整合将会生成一种或多种解决策略，需要在现实情况的基础之上对所形成的策略进行筛选，最后根据选择的最优策略制订具体、可实施的计划。

在教学活动中形成问题解决策略的工作过程即获取知识、形成技能并达成学习目标的行动策略，设计解决策略需要教师对学生的知识能力背景有足够的了解，同时善于根据学生的现实需求整合各类学习资源以促进人才培养。在具体的教学活动中，教师通过检查学生的知识储备情况与能力形成现状，在对学生综合情况进行考量的基础之上，整合现有的教学资源和工具等为其提供解决具体任务可能的选择、做法和信息等，其中包括以知识、工具、材料为主的支持性信息和以方法、策略和操作为主的程序性信息。

在学习过程中，学生在选择策略、信息时同样需要对个人的知识和能力有清晰的认识，根据个体特征对教师所提供的信息进行选择，形成适合自己的任务计划。学生则根据教师所提供的策略，在教师的指导下制订任务计划，明确完成任务计划的具体步骤、程序、过程和方法。在这个过程中，学生可以根据自身的情况进行反馈和调整，不断完善任务计划。

形成问题解决策略能够为后续具体计划的开展提供行动框架，在教学过程中进行知识检查，并为学生提供支持性信息和程序性信息，学生在学习过程中根据现有资源制订计划，形成具体的行动路线。

3. 制订后续实施计划

工作过程的第三个具体任务是实施后续计划。前面的两个具体工作过程已经为实施阶段做好了支持准备和行动策略，在充分整合各项资源、制订科学可行的任务计划之后接着就要实施计划。实施计划为实际的教学过程和学习活动提供了行动指南，在具体的实施过程中同步对计划进行修正。

在实施计划的工作过程中，教师在教学中首先需要对上一阶段所形成的最终的行动计划与学生再次沟通确认，并对审查任务计划过程中发现的问题进行修订完善或者升级优化，确保行动计划的顺利实施。根据完善后的行动计划，创设相应的教学情境，并准备有关的教学资源或教学工具等。教学过程中将学生视为学习过程的主体，为学生提供示范和及时的分步指导等，并注意观察学生能力的变化，在必要的时候及时减少甚至撤去对学生的支持和指导，让学生在没有支架的情境下激发自我导向学习。以学生为中心，立德树人与能力本位兼顾的理念应当始终贯穿于整个任务行动计划中，教师应当根据实施的具体情况能动地反向调整任务行动计划，并为行动计划的顺利实施做好充足的准备，从而确保行动计划的顺利实施。

在学习过程中，学生则进入真实的或模拟真实的工作过程情境中，在教师和企业师傅的帮助指导下，进行具体的观摩学习并发挥主观能动性进行操作练习。学生是整个任务工作计划的主要实施者，承担着将计划落到实践的职责，教师在其中为其提供尽可能的指导与支持，学生的执行情况直接影响行动计划最终的实施效果。实施过程中学生对教师的演示、操作和指导进行观摩学习，并形成内隐操作模式，随着个人操作的不断熟练，教师停止指导同时学生能够继续实施后续计划。

在实施后续计划阶段，教师的角色是资源的提供者与行动的支持引导者，学生则承担起实施任务行动计划的角色，学生借助教师的支持与引导站稳行动计划中心主体的立场，发挥个体主观能动性，完成任务计划的执行。

4. 完成后检查和评估

工作过程的最后一个具体任务是进行检查和评估。检查和评估环节通过对整个工作过程进行复盘、检查和评价，形成工作过程完成程度和取得效果的评估性数据，在此基础上为下一步的工作提供具有现实指导意义的参考。

在教学活动中，教师需要制定好考核标准并向学生出示考核标准，同时对学生任务计划的完成情况进行检查和评估，识别过程中存在的问题并引导学生积极寻找解决办法。教师所制定的考核标准应当从职业教育人才培养的目标出发，同时对标行业岗位技能资格标准，在检查和评估的环节不断矫正学生培养过程与培养目标所偏离的模块。教师对学生任务计划的考核应当根据计划内不同知识和技能类型选择不同的考核方式，同时要关注学生自主建构起的综合素质等，通过多元的评估方式确保评估结果的有效性。教师开展检查和评估的目的应当是为了促进学生更好地成长与发展，评估的过程同时也是一个发现问题并不断改进完善的过程，要始终秉承为人才培养目标达成与学生实现个人可持续发展的理念。

在学习过程中，学生则依据教师所提供的标准发挥主观能动性对任务进行自我检查，发现自己存在的问题并积极寻求教师的指导，同时在学习过程中与同伴进行讨论，还可以通过线上线下学习资源的查阅找到解决问题的办法，最终实现任务完成效果的优化与提升。学习过程中学生主动接受和根据教师评估反馈结果进行批判性反思，对项目结果等进行持续优化，对接教师所提供的标准不断自主调整个人知识和技能体系，不断向最终学习目标靠近。积极进行自我评价是检查和评估环节的重要组成部分，阶段性的学习结束后学生应当系统地梳理并反思自己在学习过程中的学习状况及最终学习结束所获得的知识和技能，通过对比和反思发现个人存在的问题或可提升空间，并及时解决和完善。

检查和评估作为"人字梯型"教学模式工作过程的最后一个环节，在对整个教学活动过程、活动结果进行审查和价值判断的同时，也是一个不断增加教学模式张力和弹性、提升"人字梯型"教学模式教学质量的过程。进行检查和评估时需要充分参考教学和学习过程以及结果材料、作品的呈现，将过程检查评估与结果检查评估相结合，通过对两个评价结果进行分析从中识别出教学或学习过程中存在的偏差，并引导学生进行纠正。在检查和评估阶段，教师除了承担主要的评价任务，还应鼓励学生进行自我检查和自我评价，并在过程中自主建构起批判性反思能力。

（二）"人字梯型"教学模式的基本实施步骤

"人字梯型"教学模式实施的关键在于体现"六阶递进、六双并行、目标导向、能力本位"的基本特征，其中"六阶递进"是教学环节结构特征，在教学设计和实施中是显性的、"肉眼可见"；"六双并行"是教学要素的结构特征，在教学设计和实施中是半显性的，"有时可见、有时不可见"；"目标导向"是教学价值取向特征，在教学设计中是首要的、显性的；"能力本位"是教学实践取向特征，贯穿于教学设计和实施始终，是隐形的。

1. 重构内容

"人字梯型"教学模式是"以人为本""以梯为质"，同时具备"人"和"梯"的形、神的教学模式，认为教学应该依据"人"（教师和学生）进行"梯"（环节、要素、目标、价值）的重构，从而达到适合中职教育特点和学校文化的目的。因此，中职课程、课堂教学内容应该在具体实施时进行重构。

同时，我国职业教育课程教学的主要依据《专业教学标准》《人才培养方案》《课程标准》、规划教材等具有时间延迟性（开发与使用有时间差）、针对普遍性（针对全国、区域和行业）和层级变化性（国家、省市、学校不同），导致中职课程、课堂教学的内容具有相对固定性（必须依据标准）和相对灵活性（可以适当增删），因此，中职课程、课堂教学内容应该在具体实施时进行重构。

教学内容重构一般分为专业教学内容重构、课程教学内容重构、课堂教学内容重构3种，这里主要指课堂教学内容重构。

课堂教学内容重构可分为4个步骤：

第一步，梳理原有内容。主要是梳理本节课教学涉及的课程标准、选用教材的已有内容，包括知识点、技能点、任务设置、活动设置、训练项目、练习作业等（见表4-3）。

表4-3 原有内容梳理表

任务	任务描述	要求	
任务一		知识点	1.
		技能点	1.
		素养点	1.
任务二		知识点	1.
		技能点	1.
		素养点	1.

注：表中的任务也可以是项目、活动、子任务等。

第二步，删除陈旧内容。主要是根据当前教学要求、行业企业变化、学校实际、岗位实际，结合"岗课证赛融合"思想，对过时的、陈旧的、过难的、过简的内容进行筛选并删除。

第三步，增加时新内容。主要是增加行业企业新工艺、新规范、新要求，以及"岗课证赛"中的新内容，特别是职业标准、"1+X"证书、技能大赛、职教高考考纲中的新内容。

第四步，重组序化内容。主要是将梳理的原有内容进行删减、增加后，进行新旧内容融合和序化，重组为新的教学内容，并设定新的任务（见表4-4）。

表 4-4 重组内容表

新任务	新任务描述		新要求
任务一		知识点	1.
		技能点	1.
		素养点	1.
任务二		知识点	1.
		技能点	1.
		素养点	1.

注：重组内容表是为教学设计进行教学内容的准备，对应该教什么、学什么、练什么、评什么进行确定。表中"任务"也可以是项目、活动、子任务等；素养点要具体，如应具体到思政元素、具体行为养成等。

2. 分析要素

教学实施过程中涉及的要素很多，"人字梯型"教学模式重点关注"六双"（教师与学生、品德素养与知识技能、教材与资源、课程标准与职业标准、理论学习与技能训练、线上与线下）。

要素分析主要包括以下几个方面（见表 4-5）：

第一，分清主次。主要是确定每项要素的主次，以及这些要素在某个时段的主次，弄清这些要素在教学中所发挥的作用。一般来说，一项要素的主次是确定的，或者从某个方面看主次是确定的，但在某个时段可能是变化的，所起的作用也是不同的。比如教师与学生，从"主导"角度看教师是主要的，从"主体"角度看学生是主要的；教师在教学设计、教学组织、教学流程把控、学习指导方面起作用，学生在任务完成、活动开展、学习训练、展示评价方面起作用。

第二，精确定位。主要是准确确定本节教学中各要素所起的作用。比如"品德素养与知识技能"，要将"品德素养"的一些关键内容进行精确定位，包括思政元素与知识技能的融合点、实施主要方法、测评主要方法；要将"知识技能"的一些关键内容进行精确定位，包括重点及突出方法、难点及突破方法、知识技能的教学载体等。

第三，设想融合。主要是设计要素融合的点、路径、方法，包括在哪些点融合、什么时候融合、以什么方式融合等。

表 4-5 要素分析表

要素	主次	定位	融合
教师与学生	主： 例：学生，主体作用	学生： 例1：按操作流程自我训练，自我评价。 例2：在教师指导下小组协作完成任务	例1：教学准备阶段，教师设置题目，学生完成，教师评价。 例2：任务发布阶段，教师情景导入、发布任务，学生分组领取任务
	次： 例：教师，主导作用	教师： 例1：组织学生分组自我训练，发现问题个别指导 例2：操作演示，引导学生模仿训练	
品德素养与知识技能	主： 例：技能训练	知识技能：	
	次： 例：素养养成	品德素养：	
教材与资源	主：	教材：	
	次：	资源：	
课程标准与职业标准	主：	课程标准：	
	次：	职业标准：	
理论学习与技能训练	主：	理论学习：	
	次：	技能训练：	
线上与线下	主：	线上：	
	次：	线下：	

注：要素分析是为教学流程设计做准备，主要对教学活动中各要素所起作用、怎么起作用进行明确。从宏观上看，"六双"要素在一般教学活动中所起的作用是差不多的，这个分析表没有必要填写；从微观上看，"六双"要素在具体教学活动中所起的作用有很大差别，这个表就是要求从微观角度进行分析填写，很有必要。

3. 设定目标

设定目标就是设定学生发展目标（教学目标）和教师发展目标，主要分为以下3步（见表4-6）：

第一步，确定学生发展目标（教学目标）。学生发展目标包括知识目标、技能目标和素养目标，其中技能目标是主要目标，素养目标是必要目标，知识目标是实现技能目标的重要支撑。

第二步，确定重难点。教学的重点、难点都来自知识目标和技能目标，一般情况下，教学重点来自技能目标，这是职业教育的特点。重点和难点可以重合，也可以分离，但一节课有一个重点、一个难点就好，不宜太多。

第三步，确定教师发展目标。教师发展目标包括内容目标、方法目标和教研目标，内容目标就是对本节教学内容的重新认识和明确，方法目标就是对本节具体教学方法的确定，教研目标就是对本节可能产生的论文、案例、课题点进行提炼。

教师发展目标与学生发展目标有一定区别，学生发展目标是必须要在教学中实现的，学生一定要全力达到的目标；教师发展目标则是教学前预设，教学中验证，教学后确定，供以后的教学、教研使用的。学生在达到发展目标的过程中成长，累计实现学业达标；教师在教学中实现教师发展目标，并以此提升个人的专业成长。

表4-6 "人字梯型"教学模式目标设定表

类型	维度	内容
学生发展目标（教学目标）	知识目标	1. 2.
	技能目标	1. 2.
	素养目标	1. 2.

续表

类型	维度	内容		
		类别	性质	具体内容
教师发展目标	内容目标	知识点	合理	1. 2.
			可淘汰	1. 2.
			可增加	1. 2.
		技能点	合理	1. 2.
			可淘汰	1. 2.
			可增加	1. 2.
	方法目标	类别	方法	
		教学方法	1.	
		学习方法	1.	
		训练方法	1.	
		组织方法	1.	
			1.	

续表

类型	维度	内容	
		类别	题目
教师发展目标	教研目标	论文点	1.
		案例点	1.
		课题点	1.

4. 开发任务

开发任务主要是设计载体，并转化为任务，让学生在完成任务中达到发展目标要求，主要分为以下3步：

第一步，确定载体。载体就是承载知识、技能、素养目标的具体内容、活动、任务、项目等，知识、技能、素养目标是"筋骨"，是"干条条"，它们必须与血肉有机融合在一起，才能成为"有血有肉"的有机体。比如，"能复述说明文的特点"是知识目标，它必须借助具体的说明文进行学习，这说明文就是载体；又如，"能正确识读组合体装配图"是技能目标，它必须借助若干具体机械装配图进行学习，这些具体装配图就是载体。确定载体要满足3点：一是与目标有良好的对应关系；二是来自学生认知范围（能认知、有兴趣）；三是便于开展教学。

第二步，设置任务。就是将载体任务化，这个任务是学生在课堂学习中要完成的任务。比如，载体是选定的文章，那任务就可以是"自学文章并完成下列作业"；如果载体是机械图纸，那任务就可以是"小组合作识读图纸并完成下列填空"。任务设置必须要有4要素：一是有"人"，即谁来完成；二是有"事"，即完成什么；三是有"物"，即完成任务的条件、工具；四是有"时"，即完成任务的时间要求。

第三步，优化任务。"人字梯型"教学模式讲究的是"阶梯递进"，也就是任务设置要有"阶梯"，一般情况下不能设置一个大任务，而要设置两个及以上具有"梯度"的任务。因此，任务设置后需要推敲优化，一是优化任务的"梯度"，确保难度、顺序合理；二是优化任务的表述，看是否具有操作性。

5. 确定评价

确定评价主要针对目标是否实现进行评价，而具体操作就是对应任务设置评价表，主要分为以下3步：

第一步，确定评价要素。主要确定评价的主体（教师、学生、企业人员、家长等）、内容（完成任务的质量、数量、时间等）、方式（评估、量化、考核、个别、小组、集体等）。

第二步，制定评价表。主要对应设置的任务制定评价表，一般一个任务一个评价表。评价表应简洁，不能太复杂，让师生一看就能明白；易操作，不能太模糊化、概念化，步骤清晰；有可比性，不能评出来后分不出高低，没有区分度（见表4-7）。

第三步，优化评价表。主要是对设置的多个评价表进行优化，一是优化单个评价表的合理性，确保各个评价表之间的一致性；二是设置多个评价表的总分规则，确保最后能有一个合理的"合计"分出来。

表4-7 "人字梯型"教学模式通用评价表

任务名称： 完成人（小组）：

评价要素	要求	完成情况摘要	标准分	实得分
知识点	1.			
技能点	1.			
素养点	1.			
其他				
合计				

注：知识点、技能点、素养点主要是指学生发展目标（教学目标），其他包括完成时间、小组协作情况、课堂纪律等教学中需要重点关注的点。

6. 设计流程

设计流程主要是设计教学流程。"人字梯型"教学模式大的教学环节是固定的，即"六阶递进"：教学准备（课前）、任务发布（课头）、分组进阶（课中）、集中展示（课中）、集中评价（课尾）、拓展延伸（课后）。这里的设计流程是对"六阶"进行具体化。

第一步，确定"六阶"递进阶梯。这些阶梯包括知识递进阶梯、技能递进阶梯和素养递进阶梯3个系列。知识递进阶梯就是将知识目标阶梯化，技能递进阶梯就是将技能目标阶梯化，素养递进阶梯就是将素养目标阶梯化。在一般的教学中，主要依据知识递进阶梯、技能递进阶梯和素养递进阶梯中的一个为主进行推进环节设计，另外两个作为辅助（见表4-8）。

表4-8 "人字梯型"教学模式 "六阶递进" 阶梯设计表

目标类型	目标要求	间隔	目标阶梯
知识目标	1.		1. 2.
技能目标	1.		1. 2.
素养目标	1.		1. 2.

注：表中"目标要求"与"目标阶梯"没有固定的一一对应关系，有"间隔"存在。"目标阶梯"之和等于"目标要求"，"目标要求"遵循知识、技能、素养的"点位"分类逻辑，讲究"点"的相对独立；"目标阶梯"遵循知识、技能、素养的递进逻辑，是学习化、程序化的"目标要求"。

第二步，细化"六阶"递进阶梯。就是将前面设计的"六阶"递进阶梯具体到教学活动中，简言之就是将"六阶递进"的6个环节细化，设计出每个环节下面的教学活动，并且遵循"目标阶梯"顺序推进原则。具体地说，就是设计出每个环节主要的教学内容、教师活动、学生活动（见表4-9）。

表 4-9 "人字梯型"教学模式教学流程设计表

教学阶梯		教学内容	教师活动	学生活动	设计意图
课前	第一阶 教学准备				
课中	第二阶 任务发布				
	第三阶 分组进阶				
	第四阶 集中展示				
	第五阶 集中评价				
课后	第六阶 拓展延伸				

第三步,优化"六阶"递进阶梯。就是将上述步骤完成的内容进行优化,简单地说就是对上面表格中的内容进行优化。优化标准主要有 3 个方面,一看是否体现了"人字梯型"教学模式的基本特征:六阶递进,六双并行,目标导向,能力本位;二看教学活动设计是否符合学校、学生实际,是否具有操作性;三看是否符合教学基本规律、学生认知规律。

7. 撰写教案

撰写教案就是按照参考模板撰写教学实施方案。这里要注意区分"教案""学案""教学设计"三者的关系。教案,一般指教学的实施方案,主要供教师使用;学案,一般指学生学习的方案,主要供学生使用;教学设计,一般指教学设计方案,在教学实施方案的基础上多了设计的内容,如设计意图、学情分析、理念工具等。在具体教学实践中,一般把教学设计当成教案对待,所以这里说的撰写教案就是撰写教学设计。撰写教案主要分为以下 3 步:

第一步,确定教学设计等级。教学设计一般有详案、简案之分,"人字梯型"教学模式倡导将教学设计分为初级、中级、高级3个层次。初级指初入教师职业，或者刚接触"人字梯型"教学模式的教师，应该写完整、详细的教学设计方案，主要是"依样画葫芦"，达到"形似"即可。中级指有一定经验的教师，可以写结构完整，但内容比较简洁的教学设计方案，主要是"依葫芦画瓢"，达到"形神兼备"。高级指经验丰富的教师，对"人字梯型"教学模式运用自如，可以不受具体"环节"束缚，达到"神似"即可。

第二步，撰写教学设计。确定教学设计等级后，把前面所做的准备工作整合起来，按照模板写出具体教学设计。实质就是教学过程的具体设计，使其更系统化、具体化。

第三步，优化教学设计。教学设计出来后，一定要进行修改优化，就如同"好剧本是改出来的"一样，好的教学设计也一定是修改出来的。优化时主要考虑3个因素：一是从学情分析到目标设定、方法工具使用、任务设置、过程设计、展示评价等各个环节是否具有紧密的逻辑关联性，如果松散、脱节、错位那就一定要修改；二是目标是否能达成，如果教学活动完成后不能或者不能较高程度地达成目标，也需要修改；三是是否符合"人字梯型"教学模式要求，这是保证教学质量、实现教学目标的基础，如果不符合，或者符合程度不高，也需要修改。

8. 实施教学

实施教学只需要按照教学设计执行即可，没有太多其他要求。具体实施中可以分为以下3步进行：

第一步，实施前检查。就是教学前再检查一遍教学设计，看是否有需要优化修改的地方，也是一个熟悉教学设计的过程。

第二步，实施中记录。就是在教学过程中，要注意及时记录出现的问题、状况，一是方便后面对过程的调整；二是发现问题积累经验；三是便于课后分析总结。现在倡导的是运用网络平台、"大数据"工具等对教学过程，特别是学生学习情况进行实时记录、统计分析。

第三步，实施后回味。就是教学完成后及时回味，趁热打铁，写出自己的感觉、直观感受，这是理性分析所不能替代的，也是在教学中常常易被忽视的，其对提高教师的教学艺术、形成自己的教学风格具有非常重要的作用。

9. 总结反思

这里指完成整个教学后的理性总结，主要包括以下3个方面：

第一，目标达成情况。就是学生发展目标（教学目标）、教师发展目标达成情况，主要总结教学的得失，最好要具体、量化。学生发展目标建议用表4-10进行统计分析，教师发展目标直接看"人字梯型"教学模式教师发展目标的具体要求完成即可。

表4-10 "人字梯型"教学模式目标达成情况表

目标类型	目标要求	达成度
知识目标	1. 例：能记住餐饮摆台的基本步骤。	1. 例：50%的学生能全面按顺序记住，30%的学生能基本记住，20%的学生能记住一半左右。
技能目标	1.	1.
素养目标	1.	1.

第二，特色与亮点。主要总结本节教学值得发扬的突出点。特色是与其他课相比本节的不同之处，独有的做法。亮点是本节教学做得很好的地方，是"高光""亮色"。特色与亮点可以是重合的，也可以不是重合的；可以是教师的，也可以是学生的，还可以是其他方面的。特色与亮点不在对错，而在于精，在于总结到位。

第三，问题与改进。主要总结本节教学存在的问题，并提出改进办法。一般是一个问题一个改进办法。问题一定要是"真问题"，即实实在在的、具体的问题，可以改进的问题。例如，"教学资源使用不充分"就是假问题，不具体，看不出问题所在。如果改为"技能训练时没有使用供学生模仿演练的视频资源"就是真问题，可以有针对性地改进。改进也一定要是"真改进"，不能模糊。例如，"加强线上教学力度"就是"假改进"，不知如何加强。如果改为"课前准备增加教师线上答疑环节和时间"，就是"真改进"。

三、"人字梯型"教学模式的评价

《国家职业教育改革实施方案》指出，推动职业教育由追求规模扩张向提高质量转变是新时代赋予的历史使命，建立健全职业教育质量评价、督导评估制度是确保高质量发展的前提和保证。在加强职业教育治理体系与治理能力现代化的进程中，职业教育评价是促进职业教育发展的重要保障，也是职业教育管理过程中必不可少的环节。知识经济时代对复合型技术技能人才的需求从根本上"需要职业教育转变以知识评价为核心的评价体系，围绕学习者的综合能力开展评价"，需要"建立科学的多元主体考评机制"。教学评价是通过判断教育实施过程和教学目的之间的联系，以及教学活动是否合理实现了预设的教学任务。教学评价体系的构建是系统性的工程，"人字梯型"教学模式考核评价的目的不是甄选和鉴别，而是通过评价的方式鼓励与实现可持续发展，在评价的过程中更加注重考虑职业教育人才能力特征，突出能力本位，同时通过纳入多元主体参与、丰富灵活的评价手段，通过多方评价结果的内在一致性反映评价结果的效度和信度，凸显决策依据的科学性（见表4-11）。"人字梯型"教学模式下的教学评价需要进一步明确不同的评价主体需要承担的义务以及所拥有的评价权利和评价范围，以及应该采取的评价方式等。

表4-11 "人字梯型"教学模式评价体系

评价维度	评价方式和内容
评价主体： 谁来评	自评；他评（学校教师评价、企业师傅评价、小组互评和第三方评价）
评价内容： 评什么	知识、能力、情感态度价值观

续表

评价维度	评价方式和内容
评价方式： 怎么评	网络评价系统；纸质书面测评
评价时间： 何时评	形成性评价（学习表现、作业、出勤）；终结性评价（关键技能、综合项目、作品完成效果）

（一）评价主体：谁来评

首先要解决"谁来评"的问题。"人字梯型"教学模式下的教育评价应当以职业教育满足社会和个体的需求程度来进行价值判断。明确教学评价的主体，即由谁来实施评价活动是建构教学评价体系的首要问题，评价主体与评价客体之间的权责界定将会直接影响教育评价体系建设的科学合理性以及可操作性。从主体的角度来说，"人字梯型"教学模式在开展评价的过程中要实现自评与他评的结合。

他评可以采用学校教师评价、企业师傅评价、小组互评和第三方评价多种方式，按照一定的转换标准和分值比例将评价结果进行核算。在学校教师评价方面，学校教师作为整个教学活动的设计组织与引导者、学生日常学习生活的管理者，应当承担起对学生学习过程的效果评价、以道德品质为主的日常生活评价，全面地评价学生在知识、技能和道德素质等方面的表现。在企业师傅评价方面，学生在进入工作场所学习实践时，在企业师傅的指导下逐渐掌握胜任工作岗位的知识与能力，企业师傅对学生学习过程的参与能够为其提供较好的评价依据。学校企业双导师评价机制的探索在职业教育领域中积累了一定的研究成果和实践经验，"人字梯型"教学模式下的教学评价更加注重双导师之间的交流与合作，科学安排评价的内容。在小组互评方面，"人字梯型"教学模式下学生会自己创设学习共同体，通过小组讨论、合作的方式丰富学习过程，同时在共同体中更好地获取知识实现能力的形成与掌握。小组成员在互相学习互相帮助的过程中能够不断完善自己的知识体系，通过小组互评的方式帮助学生形成批判性反思能力，在评价同伴的同时反思和检查自己，促进个人高质量达成学习目标。在第三方评价方面，在职业教育教学评价中引入第三方评价机制能够促进评价结果的合理性和科学性，职业教育培养的人才最终都要走进社会走上工作岗位，对于职业院校人才培养的效果的评价在某种程度上会依赖于人才培养满足社会需求的程度，因此在评价主体中政府、社会等其他第三方评价显得尤为重要。他人的评价将在占据相对全面知识的基础上以旁观者的身份更加客观公正地评价学生的掌握程度。

自评环节体现了职业教育教学以学生为中心的核心理念，将学生视作教学活动的主体，"人字梯型"教学模式下在完成学习任务与实践环节的过程中，学生自身的主观能动性以及自我导向学习发挥了重要作用，他们在教师的指导下根据自己的实际情况了解并学习工作内容、企业文化以及企业的运作过程，自主地建构起个人知识和能力体系，对自己的任务完成情况以及目标达成情况等拥有一定的内部认知。学生自评的过程也是一个对自己阶段性学习的反思与总结的过程，反思环节能够帮助学生更加全面地了解自己掌握的情况，同时发现过去阶段学习过程中存在的不足，能够更有针对性地帮助学生在后续阶段开展自主学习，自行查漏补缺。

"人字梯型"教学模式下教学评价的主体呈现多元化，在关注外部公正客观评价的同时，关注学习同伴之间的相互检查和相互促进功能，同时深入贯彻以学生为中心的理念，将学生视为能够发挥自我导向学习的能动主体，促进学生实现个人全面可持续发展的同时掌握终身学习的能力。

（二）评价内容：评什么

然后要解决"评什么"的问题。从评价的内容角度看，传统职业教育的评价内容没有准确把握职业教育的特殊属性，忽视劳动力市场的人才需求变化，教学评价的内容局限于大纲中的知识点，更关注学生对知识点的背诵与掌握，而削弱了对学生能力素质的关注，与职业教育人才培养目标相背离，是导致职业教育人才供给与劳动力市场人才需求脱节的重要原因。"人字梯型"教学模式下的教学评价内容突破了传统职业教育评价的局限，挣脱教学大纲知识点的束缚，主要从知识、能力、情感态度价值观、工作任务等方面进行全面的综合性评价，科学促进学生职业能力的提升。

（1）评价知识。"人字梯型"教学模式下教学评价的内容关注学生对应用学科基础理论和知识体系的理解与掌握，对学生对工作流程教学化处理的知识的考查能够帮助学生更顺利地过渡到实践场所当中，对知识的评价对标的是职业教育"立德树人"的根本任务。通过为学生创设多种学习情境，对学生自主习得的企业文化知识等的考查更能突出职业教育的职业特性。

（2）评价能力。对能力的评价一直是被传统职业教育所忽视的。"人字梯型"教学模式下的教学评价要求对标现代职业教育能力本位的要求，并举并重地对待学生能力形成的评价，真正促进职业教育的健康发展。职业教育的目标是培养高质量技能型人才，应该关注学生对工作过程要求能力的掌握以及个人职业技能体系的形成，同时学生对来自不同学习途径所获得的知识和技能的整合应用能力也应当成为能力评价的一部分。

（3）评价情感态度和价值观。对情感态度和价值观的评价同样对标的是职业教育"立德树人"的根本任务，"人字梯型"教学模式关注学生个人的可持续发展，在掌握知识和技能的同时内化生成个人的"软技能"，如职业道德素养，个体的人生观、价值观和世界观，对学生的情感态度和价值观的评价，帮助学生实现职业生涯的长远发展和个人可持续竞争能力的形成。"人字梯型"教学模式下的教学评价内容紧紧围绕从职教特征出发，具有鲜明职教特色的教学三维目标进行，确保评价的内容与教学目标紧密联系。

职业教育的教育评价内容要在准确把握职业教育的特殊属性的基础之上进行，持续深化评价内容的改革与建设，搭建科学、合理、完整的职业教育评价内容体系，使教学评价真正能够服务于职业教育人才培养目标的实现。

（三）评价方式：怎么评

再次要解决"怎么评"的问题。《深化新时代教育评价改革总体方案》首次明确提出了改进结果评价、强化过程评价、探索增值评价、健全综合评价的原则要求。这4种评价方式的改革旨在提高教育评价的科学性、专业性、客观性，指导教学评价方法改革的方向。职业教育效果评价的多元目的、多元主体促进了评价方式的多元化，评价的手段主要有以现代信息技术为主的网络评价系统和传统的纸质书面测评两种。

评价手段方面，"人字梯型"教学模式下，学生获取知识和能力形成的来源呈现多样化的特征，效果评价要充分考虑所评价知识和技能等的特征，从而灵活选择合适的评价方式，在合理利用评价资源的基础上实现评价效果的最大化。其中，以现代信息技术为主的网络评价系统，能够很好地记录学生线上学习过程数据，是形成对学生学习过程性评价的重要支撑。过程性评价是通过定期收集记录任务计划实施过程中的情况来决定成绩的，过程性评价能够及时发现计划实施过程中存在的问题，能够对任务计划进行调节和完善，促进计划正确且高效地实施。同时可以利用人工智能和大数据等信息技术，探索建构能够对学生学习全过程以及德智体美劳全要素的评价机制，实践过程的考核更应当注重过程的评价。传统的纸质书面测评更适用于考查学生对学科理论基础和知识体系掌握情况的考查，以及对学生实践任务结束后的结果性评价等。结果性评价指的是在教学活动结束后为判断教学的效果而进行的评价，如平常的期末考试、实践报告的考查等，它是通过提供反映学生学习任务完成的程度以及技能掌握的程度等材料而进行的，是一种能够有效控制职业教育教学效果的评价方式。在此基础上，对体现增值性评价和综合评价的评价手段的探索也非常重要。

评价标准方面，为体现职业教育培养高质量技能型人才的培养目标的特征，突出"人字梯型"教学模式下职业教育的能力本位，职业教育的评价标准应当参考应用学科相关行业的职业资格和技能大赛的考核标准，将现实情境中的考核指标科学引入职业教育的评价体系当中，实现学生实践能力真正达成与竞赛、职业资格和学习训练的有效对接。评价标准体系的建构要求职业院校各部门以及各相关主体明确学校的定位、人才培养目标以及任务分工等，积极调动各个部门参与到评价标准建设过程中，同时职业院校应当根据职业能力、资格和竞赛等的标准体系检查并纠正自身的问题，确保职业教育教学互动全程的高效运行。

总之，在回答"怎么评"的问题时，主要从评价手段和评价标准方式来考虑。在评价手段方面，"人字梯型"教学模式主要有网络评价系统和纸质书面测评两种，需要根据具体评价内容和评价目标来选择相应的评价手段。在评价标准方面，职业资格、技能大赛等的考核标准能够为职业教育教学评价标准提供可能的参考。

（四）评价时间：何时评

最后要解决"何时评"的问题。在评价时间的角度上，"人字梯型"教学模式的效果评价将学习过程评价和学习结果评价有机结合，即同时关注形成性评价和终结性评价方式的运用。

形成性评价关注教学活动过程中即时的评价和短期表现的评价，关注过程和重视学习过程中非预期的成果。具体来说，形成性评价重视评价学生在学习过程中知识的建构过程和技能形成的过程，同时关注教学活动中时间和情境的变化等背景，形成性评价要求建立动态的、个性化的质量和标准，重视在评价过程中使用多种能够呈现学习过程情况的评价工具，评价主体与学生之间的交流互动模式也在一定程度上推动形成性评价的落实。形成性评价更强调教学活动动态的、过程性的考查，通过对学生的学习表现、形成的软技能等进行价值判断，并将这种判断进行显性化、量化、可操作化处理，同时跟踪学习过程进行动态追踪。除学习过程外，学生在教学活动中的作业完成程度与完成质量、出勤情况等都可以作为形成性评价的依据。

终结性评价是一种静态的结果评价，通常针对的是学生学习结果的评价，在职业教育中一般是对学生形成的关键技能、综合项目、作品完成的效果等方面进行全面的、整体的、综合性的考核。学生在教学活动中的学习、实践、实习、观摩等行为转化成个人的知识和技能等，最终通过课业成绩、技能等级证书、项目结业等形式反映教学和训练获得的实际成果，充分发挥终结性评价的鉴定、诊断和改进作用。

通过将形成性评价和终结性评价的评价结果进行对比分析，在评价的时间上体现出层次性和系统性，同时关注过程与结果，能够对学生个人职业能力的发展水平做出更为客观和公正的评价。

"人字梯型"教学模式的操作模式包括教学模式的设计、实施和评价3个环节。教学模式的设计需从教学目标、教学起点、学习任务、学习环境、教学方法、效果评价6个方面推进。教学模式的设计是职业教育人才培养任务开展的基础，直接影响后续教学实施环节和教学评价环节。科学地、系统地设计教学模式之后进入教学实施环节，根据上一阶段教学模式设计的最终结果执行教学计划，通常包括获取任务相关资讯、形成问题解决策略、制订后续实施计划、完成检查和评估5个工作过程。在教学活动的实施过程与实施结束之后，伴随的是动态监测与静态考查相结合的教学模式评价，教学评价体系的建设需要明确评价主体、评价内容、评价方式和评价时间的问题。"人字梯型"教学模式突破了传统职业教育教学模式的局限，切实将企业生产流程、工作岗位过程所需的知识和技能引入教学活动中，革新教师和学生之间的互动模式，激发学生自我导向学习，促进学生个人职业能力的可持续发展。

第五章

"人字梯型"教学模式的支撑条件

一、教学能力

《教育部财政部关于实施中国特色高水平高职学校和专业建设计划的意见》（教职成〔2019〕5号）指出，要通过建立健全高职教师职前培养、入职培训和在职研修体系，来提升教师教学能力，促进教师职业发展。随着国家对职业教育的日益重视，职业教育的教师也成了职业教育改革的关键要素。在职业教育中，教师承担着多种角色，因此对教师的教学能力也有多方面的要求。

（一）课程开发能力

"人字梯型"教学模式要求专业知识和通识知识之间相互联通和促进，这就要求教师要具备较高课程开发能力，在基于学生需求的基础上，将专业知识和通识知识进行整合分析。这不仅要求教师能够分析课程相关的要素，而且要能够根据这些要素的特点设计出合适的课程。因此教师的分析能力和设计能力就尤为重要。分析能力主要是指分析课程性质、课程层次、课程内容、学生需求的能力，设计能力主要是指对课程结构、组织形式、教学方法、教学内容和考核评价进行设计的能力。

1. 分析能力

分析能力即教师作为课程内容的组织者，在进行课程开发时要能够分析课程要素、学生学情、知识内容等，并根据学生实际需求，选择合适的内容作为课程的主要组成部分。

首先，分析课程性质的能力。职业教育包括两个类型的课程，分别是普通文化课程和专业课程，根据课程性质，专业课程通常又包括专业基础课程、专业核心（专业主干）课程和专业实践课程三类[1]。普通文化课程是指职业院校的学生需要接受与普通院校的学生一样的文化知识教育，即通识知识教育；而专业课程是指发展学生实践技术能力的课程，即专业知识教育，它构成了职业院校课程的主体。职业院校往往把专业知识放在首

---

[1] 吴晓，沈亚强. 基于课程性质的职业教育项目式教材设计[J]. 中国职业技术教育，2014（5）：78-82.

位,这是由职业教育的性质决定的。但是在职业教育"人字梯型"教学模式下,教学内容的选取要求将专业知识和通识知识放在同等重要的位置,培养学生的职业能力和通用能力以促进学生综合素质提升。因此,通识知识和专业知识的选择十分重要,教师对课程性质进行分析有助于根据不同性质的课程的特点进行课程开发。比如,专业基础课程通常由基础知识和技能组成,是学生需要掌握的最基本的内容;专业核心课程是专业课程中的核心部分,学生基于实践操作,总结自己的经验,通过一些实际工作内容和任务获得进一步提升;专业实践课程主要是对学生进行技能训练。教师在进行课程开发时要考虑各部分课程所占的比例以及课程学习的先后顺序,即知识的循序渐进过程。

其次,分析课程层次的能力。课程内容的层次体系包括课程标准、课程计划和教材。课程计划,又称教学计划,是根据教育目的和不同类型学校的教育任务,由国家教育主管部门制定的有关教学和教育工作的指导性文件;课程标准,是课程计划的具体化,是课程计划中每门学科以纲要的形式编订的,有关学科教学内容的指导性文件;教材,是教师和学生据以进行教学活动的材料,包括教科书、讲义、讲授提纲、参考书、活动指导书以及各种视听材料。职业教育的课程与普通教育的课程大致相同,对于课程标准、课程计划和教材,国家也有相应的要求。因此,教师要根据职业教育"人字梯型"教学模式的人才培养目标,对课程标准、课程计划和教材进行分析,设计出符合人才培养目标的课程。

再次,分析课程内容的能力。职业教育"人字梯型"教学模式下的培养目标不仅要把学生培养成企业所需要的适合于岗位需求的复合型技术型人才,更是要让学生成为全面发展的人。而课程内容的选择与组织既受制于培养目标,也直接影响培养目标的实现。①因此,职业教育课程内容的选择、开发离不开培养目标和教育对象。②职业教育的两类课程分别是普通文化课程和专业课程,在"人字梯型"的教学目标下,对普通文化课

---

① 刘炜杰.1+X证书制度下职业教育的课程改革研究[J].职教论坛,2019(7):47-53.
② 陈玉阁.高职教育课程内容的选择与序化[J].教育与职业,2009(14):100-101.

程内容的选择不仅仅是简单的知识传授,更要培养学生的核心素养。比如:语文课程要培养学生的人文精神、审美情趣等;数学课程要培养学生的理性思维、批判精神等。对专业课程内容的选择也不只是简单地介绍专业知识的陈述性知识和技能策略的程序性知识,而是要根据专业课程的特性,通过一些与专业课程相关的案例和活动来培养学生的核心素养,如职业道德、团队意识、创新能力等。①

最后,分析学生需求的能力。学生需求是指学生对知识的需要。随着经济的发展和现代化进程的加快,学生对知识的需求呈现出多元化、多样化的特点。②这就要求在课程开发的过程中,高度重视学生的学习需求,选择多样化的内容,激发学生学习的积极性和主动性。人才培养是职业教育"人字梯型"教学模式最基本的职能,构建科学的教育教学体系则是人才培养环节中的重中之重。能力本位教育是当前我国职业教育体系中的变革趋势,与职业教育"人字梯型"教学模式的目标高度契合。因此,在以能力本位为导向的"人字梯型"教育模式下,要坚持以学生需求为中心,构建科学的教育教学体系。③教师要有分析学生需求的能力,以学生未来职业发展需求为导向,选择能够体现专业特色、个性发展和社会需求的课程内容,促进学生发展。

2. 设计能力

"人字梯型"教学模式下的课程开发要求教师能够根据对课程要素进行分析的基础上对课程进行设计,在"产教融合"理念下,实现校企协同育人。

其一,设计课程结构的能力。课程结构是指不同类型课程和不同类型的教学方式的组合结撰。④在课程结构的设计上,要将不同类型的课程与其

---

① 陈宏艳,徐国庆. 基于核心素养的职业教育课程与教学变革探析[J]. 职教论坛,2018(3):57-61.
② 谯欣怡,韦妙. 我国职业教育供给模式探析——基于交易费用和学生需求的测度[J]. 职教论坛,2020(2):152-157.
③ 赵浩华. 国外高等职业教育应用型人才培养启示——基于能力本位视角[J]. 成人教育,2018,38(6):81-84.
④ 张健. 职业教育课程改革遵从逻辑及践行策略[J]. 职教论坛,2021,37(5):57-61.

相符合的教学方式相结合，提高教学效果。职业教育"人字梯型"教学模式是校企合作、工学结合、知行合一、学做一体的教育。①因此，教师在设计课程时要将专业知识和通识知识、理论知识和实践训练结合起来，合理设置各部分知识的比例，使它们能够相互补充，不断优化课程结构。

其二，设计教学组织的能力。教学组织涉及的方面比较广泛，如课程体系建设、教学资源调配等。与传统的教学模式相比，职业教育"人字梯型"教学模式在教学组织上也发生了很大的变化。在以往的教学模式下，教学的发生有很大的随意性，常常是教师单方面输出、学生输入的过程。但是，职业教育"人字梯型"教学模式要求教师和学生双向促进，对教学场所、教师团队以及教学质量都提出了更高的要求。在教学场所上，职业教育"人字梯型"教学模式通常包括职业院校和企业两个方面，这就要求在不同的教学主体之间进行合理分配；在教师团队上，职业教育"人字梯型"教学模式下，教师团队是由学校的课程教师和企业师傅共同组成，在教学任务上也要进行合理分工；在教学质量上，职业教育"人字梯型"教学模式要求实现教学的高质量。因此，在教学组织上，要以学情为依据，有目的、有计划地组织教学活动，使学生的个体学习与教师的指导紧密结合，在有效的时间内培养学生的自主学习能力，全面提高教学质量，取得良好的教学效果。②

其三，设计教学方法的能力。2019年，《国家职业教育改革实施方案》提出了"三教"（教师、教材、教法）改革的任务，其中就包括教学方法的改革。认知主义强调，学生是教育的主体，他们怎样学，教师就要怎样教。因此，教师要以学生的认知规律和特点为基础设计教学方法。职业教育"人字梯型"教学模式强调学生的主动建构以及学生与学生之间、学生与教师之间的交互作用。这与建构主义的教学观高度吻合，它认为学生不是被动地接受知识的"容器"，而应该发挥他们的主观能动性，使他们主动建构知识，在与伙伴合作的过程中得到发展。以此为基础，职业教育"人

---

① 张健，陈清. 职业教育课程结构化的反思与模式创新[J]. 中国职业技术教育，2020（2）：5-9.
② 康玉忠，曾文权，余爱民. 高职"异步教学组织形式"的研究与实践[J]. 教育与职业，2019（9）：108-111.

字梯型"教学模式下的教学方法有情景教学法、合作学习法等。

其四,设计教学内容的能力。教学内容包括具有基础性的理论知识、具有精深性的原理知识、具有操作性的实践知识、具有灵活性的经验知识以及具有发展性的德育知识等,各类知识既彼此独立又相互联系,共同对技术技能人才的职业能力进行塑造。[①]教学内容的设计是教学设计的核心,它关乎教学目标的实现,教学方法也是围绕着教学内容来设计的。职业教育"人字梯型"教学模式强调校企合作协同育人,因此,教学内容要考虑到两个方面:一是要对接岗位需求;二是要促进学生发展。要构建以学生为中心,以企业需求为导向的教学内容体系,使学生学到的知识既能促进学生自身发展又可以应用到企业的具体实践中。

其五,设计考核评价的能力。学习了这些课程之后,如何对学生的学习效果进行评价也是一个问题。在知识经济高速发展的今天,对学习者的评价不能单独从某一个方面展开,而是要对学习者进行多方面的综合性评价。"人字梯型"教学模式下的评价是为了让学生得到更好的发展,促进他们综合素质的提升,而不是为了选拔人才。因此在职业教育"人字梯型"教学模式下,要坚持评价的多元化:一是坚持评价主体的多元化,包括教师评价、学生自评、合作企业的评价等;二是评价要素多元化,包括对学生的知识、技能、职业素养方面的评价;三是评价方法多元化,将诊断性评价、形成性评价、终结性评价结合起来,重视过程性评价。[②]

(二)课程教学能力

"人字梯型"教学模式摒弃了传统的"以教师为中心"或"单纯促进学生发展"的理念,强调教师和学生是一种双向促进的关系,在教学过程中,不仅能够促进学生的发展,也能使教师能力得到提升。在教师和学生之间形成一种"教学相长"的关系。因此,在这种教学模式下,教师需要

[①] 王璐,徐国庆. 从工作过程到知识导向:职业教育教学设计的新发展[J]. 职教论坛,2020,36(11):64-67+75.

[②] 窦红平,邵一江,李本友. 产教融合背景下高等职业教育应用型课程建设[J]. 教育与职业,2019(15):91-96.

第五章 "人字梯型"教学模式的支撑条件

考虑如何进行教学才能既促进学生的发展，又能使自己在这个过程中得到完善。课程教学能力具体包括教学设计能力，教学实施能力和教学评价能力。

1. 教学设计能力

教学设计能力是指在教学活动开始之前，教师对本次教学活动有一个整体的规划，教学设计能力是有效课堂的前提，可以为教学提供指导。教学设计通常来说涵盖了教学目标设计、教学内容设计、教学任务设计、学习情境设计、教学评价方法设计等。①

第一，在教学目标的设计上，目标要清晰明确，明确"要培养什么样的人"。在维果斯基"最近发展区"理论的指导下，根据职业教育学习者的学习基础和学习特点，设计清晰合理的目标。如今科学技术迅猛发展，产业结构不断调整，社会生活节奏不断加快，社会竞争日趋激烈，导致职业岗位和职业技能的变换更新速度提高，其结果必然会使一次性学习和终身就业成为过去时。②职业教育"人字梯型"教学模式下的人才培养目标不再是培养某一类具体的人才，而是要使人能够实现可持续发展，发展人的社会适应性。换句话说，就是要发展人的各方面的能力，使他能够适应不同的工作，增强职业流动性，在未来的职业生涯中能够有更多的选择。因此，在教学目标的设计上，不仅要培养学生的实用技能，更要把培养学生的职业素养、可持续发展作为核心目标。

第二，在教学内容的设计上，要将专业知识和通识知识互相补充，使职业教育的课程凸显出育人的功能，推动知识学习的社会化、促进学生课程履历的有效生成和实现学生的社会自适应发展，③职业教育"人字梯型"教学模式的教学内容设计应该在教学目标的基础上，根据课程的性质和特点重构教学内容，以项目化、模块化、碎片化实施知识构建。④提高学生

---

① 邓泽民. 职业教育教学设计[M]. 北京：中国铁道出版社，2016.
② 杨彩卿，霍新怀. 以培养学生职业能力为中心的实践教学目标体系的构建[J]. 教育与职业，2012（18）：40-42.
③ 伍远岳，余乐. 论课程的社会育人功能及其条件[J]. 教育科学研究，2021（11）：66-71.
④ 蒋贵琴，何培芬. 1+X证书制度下高职课程混合式教学模式设计与实践[J]. 职教论坛，2021，37（4）：69-74.

的职业能力和自我发展能力。

第三，在教学任务的设计上，教师在课堂上要给学生设置教学任务，每一个教学任务都要隐含相应的教学内容，教师教会学生如何提问，如何自己找到解决问题的办法，通过每一个具体任务的完成来调动学生的主动性。[1]职业教育"人字梯型"教学模式要求教师在教学中制定教学任务来巩固学生的学习效果，学生在教师的指导下制订任务计划，随着任务的进行，教师不断减少指导，最终使学生能够独立完成任务。在任务完成后还要进行考核和评估，发现问题解决问题，达到教学效果的优化。因此，教师要根据学生的不同特点和需求，灵活安排教学任务，提升学生的职业能力。

第四，在学习情境的设计上，遵循"工作场所学习"理论。工作场所学习是发生在工作环境中，以个人职业成长和组织发展为目标，以实践为取向，通过实际工作获取相关知识、习得工作技能、发展职业能力、促进组织成长的过程。[2]在工作场所学习为学生提供了一个学习情境，它强调在具体的情境中学习。"人字梯型"教学模式遵循情景学习理论，将教学置于真实的实践环境和工作过程之中，以获取自我构建的过程性知识即经验为主要目标，注重线上线下、学校企业、教师学生、理论实践、专业通识等要素的双向发力，将教学过程与工作过程进行对接。因此，要设计一个真实的教学情境，在教学这个情境中构建一个从实践到理论再到实践的学习过程。

第五，在教学评价方法的设计上，职业教育课堂教学评价从来都不能单纯地采取一种方法，而应该同时运用自下而上的归纳实证法和自上而下的演绎理论方法。[3]职业教育评价最初的目的是要了解教师的教学质量，而职业教育"人字梯型"教学模式下的教学评价的目的是促进教学发展，

---

[1] 沈爱凤，韩学芹. 职业教育中"任务驱动式"教学模式的探讨与应用[J]. 职教论坛，2016（2）：46-49.
[2] 白滨. 工作场所学习的理论基础研究[J]. 职教论坛，2016（18）：23-27.
[3] 北京教科院教学研究中心职业教育课堂教学评价研制小组. 课堂教学评价体系的研究与实验[J]. 课程·教材·教法，2003（2）：45.

第五章 "人字梯型"教学模式的支撑条件

即通过教学评价发现教学过程中的问题并探索合适的解决方法，最终促进教师的教以提升教师的教学能力，促进学生的学使学生获得全面发展。因此，在职业教育"人字梯型"教学模式下要形成多主体参与、从多方面进行综合评价的教学评价机制。

2. 教学实施能力

教学实施是指在教学活动的过程中，教师要有效组织教学。教学实施能力是有效课堂的根本。教学实施的基本环节包括备课、上课、作业布置与批改、课外辅导、学业成绩的检查与评定。

首先，教师在课前要进行备课。备课是教师根据以前的经验，按照具体情况对教学内容进行选择和整合，以适应学生的知识储备和智力发展水平，促进教学目标的实现和完成。一方面，教师要了解学生的需求；另一方面，教师要研究教材。职业教育"人字梯型"教学模式强调培养学生的职业能力和通用能力是同等重要的。因此，教师在进行备课时，第一，教学内容应该涵盖"知识、技能、情感"3个方面的内容，帮助学生树立科学的人生观、价值观、择业观；第二，设计好教学方案，充分利用各种教学资源，保持与行业或企业的密切联系，保证课程目标中学生所掌握技能的实用性。①

其次，上课是整个教学实施的核心环节。职业教育"人字梯型"教学模式强调学生要主动建构知识，通过师生合作的过程实现教学相长。因此，在上课环节，学生的主体作用十分重要。第一，在教学方法上，孔子曾提出教学要启发诱导，西方智者苏格拉底也主张使用"产婆术"来激发学生的认知。在职业教育的课堂上，要注重对学生进行启发诱导，采取多样化的教学方法，如现代工作岗位培训法、行动教学法、四阶段教学法、工作场所学习法，②结合职业院校的课程特点和学情分析，着重培养学生的创造性思维，促使学生能够持续不断地自我发展。第二，要注重师生之间的

---

① 贺彩玲. 澳大利亚 TAFE 教育中的教学特点分析与借鉴[J]. 成人教育，2011，31（9）：121-122.
② 王清强，吴锦. 他者性视域下高职院校有效课堂教学路径探究[J]. 职教论坛，2021，37（10）：55-60.

互动。"人字梯型"教学模式下,强调教师和学生形成一种双向奔赴、共同促进和共同发展的关系,教师能够培养学生积极学习的态度,学生也能激发教师继续学习的欲望。因此,在教学实施的过程中,要促进互动多样化,实现教师与学生更好地发展。①

最后,课后的巩固与评价也不容忽视。第一,根据教学计划和课程内容设置合适的作业,作业可以是多样化的形式,如教师可以将企业的一些典型工作任务结合课程学习的内容,给学生设置一些开放性的作业。第二,针对理解能力或者实践能力较差的学生,在课后可以给予一定的辅导,可以是教师单独辅导,也可以是同伴间的合作学习。这既能促进学生的发展,又能加强教师和学生之间、学生和学生之间的联系。第三,对学业成绩的考核与评价不只局限于书面形式,还可以采取开放性的形式,全面综合评价学生的学业成绩。

3. 教学评价能力

教学评价是指在教学活动结束后,对学生所学内容的一个整体评估,教学评价能力是有效课堂的保障。职业教育"人字梯型"教学模式下,教师和学生是一种双向促进的关系,教学评价不是为了筛选人才,而是要能够在评价的过程中发现教学问题,立足于这个问题寻求解决方法,使教学评价不仅能促进学生的发展,也能促进教师的发展。因此,教师的教学评价能力包括对学生的评价和自我评价两个方面。

一方面,在对学生评价方面,首先,在评价内容上,教师要完善对学生教学效果的考核和评价方法,注重从多方面多角度进行评价,如学习能力、创新能力、实操能力、团队合作能力等,注重过程性评价。其次,在评价方法上,将形成性评价和终结性评价结合起来。科学的教学质量评价不仅注重结果,而且更关注教学过程,在教学质量评价中,应当在教学过程中多次、即时、动态地实施形成性评价,使终结性评价与形成性评价有

---

① 刘洪宇. 现代互联网条件下高等职业教育教学方式探索[J]. 求索,2016(1):185-188.

机结合起来。①要让终结性评价在形成性评价的基础上发挥作用，教师在评价过程中不仅关注学生对基础知识的理解和掌握，也要关注学生在学习过程中的主动性和参与性。最后，在评价标准上，要立足于学生能力的培养，对学生的评价不应拘泥于一个统一的标准，应该建立一个多样化的评价标准体系，使教学评价更能促进学生的全面发展和教师的职业生涯发展。

另一方面，在自我评价方面，教师要能够对自己的课程设计和教学过程有一个自我评价的能力。这里的自我评价更倾向自我反思的能力。在教学活动结束之后，教师应该评价自己在教学以及师生交互活动中的效果，反思自己在教学过程中的不足之处，根据自我反思调整教育教学计划。这与职业教育"人字梯型"教学模式要求促进学生发展的同时也能使教师本身更加完善的宗旨相符。

（三）行业能力

"人字梯型"教学模式强调校企合作，践行"产教融合"的理念，力图使学生在一个真实的工作场景中学习，从而提高学生的职业能力。这就需要教师具有行业、产业方面的专业实践能力。

1. 行业沟通与合作能力

行业沟通与合作能力是指教师能够与行业、产业有效沟通，形成合作的能力。"人字梯型"教学模式要求职业院校与行业企业协同发展，合作育人。在职业教育"人字梯型"教学模式下学校的培养目标要和企业的需求形成对接，在教学内容、教学设计方面，需要教师和企业有效沟通。一方面，教师要熟悉行业背景、发展趋势以及企业的文化和人才需求，与企业在教学目标、课程设计方面保持长期联系。②另一方面，教师在培养学生上，要与企业师傅进行交流合作。如教师主要负责理论方面的教学，企

---

① 魏俊领. 高职院校教学质量评价实施现状与应对策略[J]. 职业技术教育，2014，35（23）：59-62.
② 王成福，邵建东，陈海荣，等. 高职教师专业实践能力的内涵及培养对策[J]. 高等工程教育研究，2015（3）：146-151.

业师傅负责实践方面的教学，学生如何将理论和实践相结合，需要教师和企业师傅在教学上保持一致性。除此之外，教师与企业师傅之间还要互相学习，与企业师傅交流并分享成功经验和总结失败教训，促进自身能力的提高。

2. 行业实践能力

行业实践能力是指教师拥有实际操作的能力。教师只有对学生未来的职业环境熟悉，才会在培养学生的职业实践能力方面有的放矢。[①]换句话说，教师首先要拥有专业的实践能力，才能将这种专业实践能力传授给学生。"人字梯型"教学模式要求教师既拥有专业的理论知识，又拥有丰富的实践技能。因此，教师需要具备理论教学能力和专业教学能力。目前，在职业院校中，强调培养"双师型"教师。"双师型"教师要能够在高职院校中组织理论课教学和技能训练实践，具备理论教学能力和必要的实践技术技能，具有一类以上技术技能资质，联合行业企业协同完成人才培养任务。[②]教师的专业实践能力包括课堂内和课堂外两个方面，在课堂上，教师要能够讲授专业的理论知识，不仅使学生了解企业生产技术方面的专业知识，而且也要帮助学生了解行业背景、企业如何运行和管理、如何与企业合作进行项目开发等；在课堂外，教师要带领学生到生产一线或者实训基地观察和实践。因此，教师要积极参与企业培训，去企业实习，在真实的工作情境中提高自己的行业实践能力。

3. 行业服务能力

行业服务能力主要是指参与行业培训服务工作和参与行业生产活动、提供技术支持两个方面。参与行业培训服务工作就是为行业培训提供服务，教师自身需要不断接受培训，贯彻终身学习的理念。同时，教师也要有为培训提供服务的意识。具体来说，就是教师不但要自己接受培训，而

[①] 任聪敏，倪勇. 澳大利亚职教教师教育历史演变及启示[J]. 高等工程教育研究，2017（2）：171-174.
[②] 刘源，门保全. 核心能力视角下高职院校"双师型"教师培养路径研究——基于"圆锥式六维一体"能力模型[J]. 职教论坛，2021，37（7）：95-101.

且要能够去为那些有需要的人提供培训服务。参与行业生产活动,提供技术支持即在校企合作的模式下,教师和学生到企业学习先进的技术,在提高自身专业实践能力的同时,也根据自身的专业知识为企业提供优化技术的建议,帮助他们研发新技术、新项目。①

(四)信息素养

信息化教学能力既是信息时代和智能社会背景下教师发展的核心内涵,也是学校改革与发展不可回避的重要趋势。②职业教育"人字梯型"教学模式的一个重要原则就是促进教育教学与信息技术深度融合以提高教学效率和培养师生的信息化思维。信息技术与职业教育的深度融合是一个长期的复杂的系统工程,需要各方的努力。一方面,在于职业院校完善相关的制度、健全体制机制和升级硬件设施;信息化教学强调线上和线下的双向促进、互相补充教学,充分整合线上线下的教学资源。另一方面,在于教师不断提升运用信息技术的能力,具备良好的信息素养,对信息化教学要有充分的敏感性,将信息技术真正融入日常课堂教学的整个过程,发挥信息技术在教学方面的优势。

1. 信息化教学的意识和态度

信息化教学的意识和态度决定了"人字梯型"教学模式下教师能否应用信息技术进行日常教学,包括对信息化教学重要性的认识、能够主动应用信息化教学的意识、能够对信息化教学进行评价和反思的能力。

首先,体现在教师对信息化教学重要性的认识方面。在人工智能时代,信息化的课堂教学方式推动了职业教育现代化和高质量发展,职业教育"人字梯型"教学模式下的教师必须能够认识到信息化教学对现代化职业教育的重要性,才能改变传统的思维,在课堂中运用现代化教学手段,培养信息化的思维进而推动课堂效率的提高。其次,体现在教师有主动运用

---

① 徐芳,陶宇. 欧美职教"双师型"教师培养的成效、经验及启示[J]. 教育与职业,2021(9):68-75.
② 叶雷锋. 高职教师信息化教学能力一体化发展模式探索[J]. 职教论坛,2021,37(3):81-85.

信息化教学手段的意识方面。职业教育"人字梯型"教学模式下的教师在进行教学活动的设计时，要能够将信息化的教学手段融入课程中去，利用信息化教学手段开展丰富多彩的教学活动，挖掘网络教学资源，使教学内容能够符合学生的需要，激发学生的好奇心和求知欲。最后，还体现在教师对信息化教学的评价和反思方面。在使用了信息化教学手段之后，课堂的效率和质量是否提高、学生是否获得了他们需要的知识、在信息化教学手段的应用上还存在哪些不足、应该从哪方面进行改进，都是教师应该反思的方面。通过评价和反思，教师和学生共同发展。

2. 信息化教学的知识和技能

在对信息化教学手段树立了端正的态度之后，如何掌握与此相关的知识与技能成为提升教师信息化教学水平的关键要素。[①]

首先，在"人字梯型"教学模式下，教师需要掌握信息化教学的知识。这对教师运用信息化教学方式来说是最基础的方面，包括基本的信息技术知识、课程知识和相关理论知识，而且还要懂得如何将信息技术知识迁移、应用、融合于学科和教学之中。其次，职业教育"人字梯型"教学模式下的教师需要拥有基本操作能力。不仅要了解信息化教学的基础知识，还要懂得如何进行实际操作，包括多媒体课件的制作、多媒体设备的使用、熟练掌握Office软件的各种功能和各种网络教学平台的使用。最后，职业教育"人字梯型"教学模式下的教师要具有信息资源管理能力。教师在掌握了这些知识与技能之后，还要能够知道如何获取和管理这些有用的教学资源，即通过什么途径获取资源，如何将这些资源运用到教学中去。教师只有既懂得信息化教学的知识和技能，又能有效运用这些资源，才能使课堂教学真正为学生服务，这样的课堂才是有效的。

3. 信息化教学的设计和开发能力

信息化教学的设计和开发关乎如何将信息化教学融入课堂活动中去，这对教师来说也是一项非常重要的能力。信息化教学设计与开发主要指教

---

① 周金容. 智慧教育时代高职教师信息化教学能力提升研究[J]. 教育与职业，2021（3）：63-69.

师以信息技术为支撑,依据课程的特点和学生的实际需要,围绕教学目标,利用信息技术组织课堂活动,促进信息资源与课程相互融合,使教学更有效的过程。①主要包括对教学内容、教师的教学方式和学生的学习方式的创新,旨在促进学生自主学习。职业教育"人字梯型"教学模式下教师的信息化教学和设计要求教师能够以创造性的思维去发现问题、处理和解决问题。因此,这一过程要求教师具有较强的创新意识,能够将信息技术融入课堂活动,使教学效果得到优化,使学生得到更好的发展,促进自我能力提升和学生全面发展,达到教学相长的效果。

4. 信息化教学的实施与评价能力

对于教师来说,教学设计对教学实施起到一个引导作用,教学实施是教师根据自己的教学设计,使信息化手段与课程内容有效融合。在职业教育"人字梯型"教学实践中,教学实施相对于教学设计与开发来说更为复杂。因为在实施的过程中要随时准备应对突发情况,不断调整教学计划,将每个教学计划落实到课堂教学的具体环节中去。因此,教学实施对教师的考验会更大一点,对教师能力的要求也会更高一点。在有效的信息化教学过程中,不仅需要教学设计和实施,也需要对教学活动进行评价。通过评价,教师可以获得对教学活动的反馈,根据这些反馈,调整、修正后续的教学活动,帮助自身进行教学反思,从而更好地带动学生的发展。

(五) 研究与发展能力

在信息化背景之下,教师的发展呈现出新的特征。随着时代的不断发展,教师需不断适应各种发展带来的挑战,形成教师自我成长的"内驱力"。"人字梯型"教学模式秉承着双向促进和向上生长的理念,旨在激发教师和学生的"内生力",不断进行自我迭代和更新。促进教师的内生力就要发展教师的研究与发展能力,具体包括科研能力、教学研究能力和专业发展能力。

---

① 马宽斌,黄丽丽. 职业院校教师信息化教学能力的提升:内涵、问题与策略 [J]. 职教论坛,2021,37(9):90-97.

1. 科研能力

目前，国家重视发展高质量的职业教育，推动职业教育现代化，提出要建设一支高素质的职业教师队伍。高素质的职业教师队伍不仅要具有专业的理论知识，还应该具有科学的思维方法，能够进行严密的科学设计、利用现代科技手段进行科学研究的能力。科研能力是职业教育的教师应具备的一项重要的能力。职业教育"人字梯型"教学模式秉持着合作、共促、互惠、互助、共赢的共同发展理念，希望能够促进教师和学生的共同发展、学校和企业的共同发展。提高科研能力，对于教师自身的专业发展来说，能够提高自身的教学水平和专业综合能力；对于学生来说，可以带领学生进一步探索未知的领域，拓展学生的知识面；对于职业院校来说，可以提高教师的整体素质，有利于建立高水平的教师队伍，提高职业院校的教学质量；对于企业来说，可以带动企业进行技术上的创新，推动企业发展。因此，教师要高度重视培养和提高科研能力，深入研究科学理论、专业知识和技术技能，不断探索所任学科在发展过程中出现的新理论和实践课题，积极参与校内外的科学研究和技术攻关项目。[①]

2. 教学研究能力

职业教育的现代化发展急需一批具有现代职业教育理念，具备一定教学研究能力的教研型教师队伍。教学研究能力是指能够运用自己所学的科学理论和科学方法，根据教学过程中的实际情况，认识教育现象，揭示教育规律，解决教学实践中的问题的能力。目前，较强的教学研究能力是各类职业院校对教师的迫切要求，也是教师需要突破的重点和难点问题。职业教育"人字梯型"教学模式下，教师作为组织者、引导者，在教学的过程中要不断激励学生自主学习，自我发展。学生的学习效果由教师和学生双方决定。这就需要教师能够在教学中不断发现问题，提出解决对策，进而提高教学质量。提高教师的教学研究能力，一方面，教师要有主动发现问题的意识，根据学生特点和学情，分析某个现象出现的深层次原因，在

---

① 王军，杨洋."双高"建设视角下高职教师专业发展的逻辑、问题与路径[J]. 教育与职业，2021（14）：64-71.

教学过程中不断调整教学计划；另一方面，整个教师团队之间要加强交流和讨论，发现其中的共性，研究更适合学生发展的教学活动。

3. 专业发展能力

教师的专业发展能力有很多方面，包括教师专业基础能力、教师专业基础发展能力、教师专业协调发展能力和教师专业持续发展能力等。[①]近年来，由于一系列的政策激励，教师的专业化发展取得了一定成效，教师队伍的整体素质不断提高。教师专业发展的能力十分重要，只有自身不断提高专业发展能力，由新手教师不断向资深教师、卓越教师转变，才能更好地促进学生的发展。职业教育"人字梯型"教学模式是教师和学生之间的双向促进，因此，教师要不断提升自身的专业发展能力。只有自己得到了更好的发展，到达更高的层次，才能带动学生不断向前，实现可持续发展。职业教育的教师要对照专业标准，发现自身的不足，做好自己的专业发展规划，不断学习，提升自己的专业素质，努力使自己向高层次人才转变。

二、教学资源

自 2010 年起，教育部启动实施了国家职业教育专业教学资源库（简称"国家教学资源库"）建设，旨在深化职业教育教学改革，希望能够推动更多优质教学资源共建共享。优质教学资源可以培养学生的理解和创造意识。职业教育"人字梯型"教学模式强调团队合作，促进优质资源共享，帮助团队成员建立合作共赢的"教学共同体"。

（一）整合线上和线下教学资源

职业教育"人字梯型"教学模式需要线上的信息资源、网络平台以及线下的课堂教学、实训基地的共同支持。线上资源为学生提供开放便捷的知识来源，线下资源为学生提供学习的真实情境。

---

① 王丽珍. 教师专业发展能力模型建构[J]. 教育理论与实践，2013，33（22）：36-40.

1. 职业教育"人字梯型"教学模式的线上资源

一是线上的信息资源。信息技术的迅速发展为课程教学提供了丰富的资源，这种线上教学资源可以针对不同的教学目标和教学对象，更好地满足教师和学生的需求，如当前的教育热点问题、与课程教学相关的拓展知识等。教师可以选择与课程相关的知识融入课堂教学中，学生也可以自由选择自己需要的知识进行自主学习。这些教学信息资源为教师和学生提供了丰富的知识来源，不仅提升了教师的教学能力和课堂的教学效率，还开阔了学生的视野，促进了学生的个性化发展。

二是线上的网络平台。近年来，网络的发展也取得了令人瞩目的成就，如慕课、微课、翻转课堂所提供的课程资源等广受教师和学生的欢迎。特别是在新冠疫情期间，为响应"停课不停学"的号召，各种网络教学平台发挥了重要的作用。这种线上教学在突破地域限制，丰富学生学习方式的同时，也丰富了教师的教学方式，不仅使学生获得知识的途径更加广泛，而且也促进了教师的"再学习"，实现了职业教育"人字梯型"教学模式下教师和学生的双向促进的目标。

2. 职业教育"人字梯型"教学模式的线下资源

一是线下的课堂教学。当前各职业院校的教学内容基本上都是来自国家和地区规定的教材，里面包含了学生所要学习的基础知识、基本理论等，是学生能够进一步学习的基础。课堂教学为"人字梯型"教学模式下的师生提供了面对面的教学资源，有利于学生与教师之间、学生与学生之间的沟通与合作。学生通过这种课堂教学真实感受到知识讲解、技能传授的过程，在整个教学过程中受到教师的监督，被规则约束，使学生能够扎实学习知识与技能，有利于提高教学的有效性。

二是线下的实训基地。在职业院校里，由于学生还要学习相关的实践技能，所以学校还会建设实训基地或者实验室等；在"人字梯型"教学模式下，企业是教学实践的重要场所，为学生的实践教学提供了一个真实的环境。充分利用学校和企业的实训基地培养学生的实践技能，为他们提供必要的岗位指导。这种线下教学的方式可以使教师和学生、企业师傅和学生进行面对面沟通交流，为学生提供一个真实的学习情境的同时，也使教师和企业师傅能够比较全面地了解学生，进而为他们制订合适的教学计划。

3. 整合线上资源和线下资源扩展学习者课堂学习内容

对于学生来说，线下资源是主食，线上资源是水果和蔬菜，前者保证学生学习的基本需要，后者为学生提供进一步发展的可能。[①]

一方面，线上资源是线下资源的补充。传统教学方式下，教师大多依据教学标准，向学生讲授课程内容，学生所接收到的知识非常有限，没有对他们的知识体系进行拓展。当前，网络已经成为人们学习的另一个主阵地，学生通过网络这个渠道就可以获得更全面的信息。因此，教师要选择合适的线上资源对学生的线下课堂教学做一个补充，比如时下与课程内容相关的热点问题、教材上没有涉及而学生又需要了解的知识等，这些都可以与线下教学结合起来。线上线下教学资源相结合来，使课堂内容更丰富，能够拓宽学生的眼界，更符合学生的认知需要。除此之外，线上的一些课程资源也可以为线下教学提供参考。线上辅导的课程资源主要是对线下教学的深化和补充，大多由专业人士进行内容的整合和组织，对线下教学有很好的参考性。因此，教师可以多参考一些线上的课程资源，选择合适的内容补充到自己的教学活动中去，这对学生的学习具有很好的启发作用。简而言之，就是以线下教学为主，辅之以必要的线上资源，使课堂教学内容更加饱满，促进学生的发展。

另一方面，线上资源和线下资源要整体建构，形成一个新的框架体系。当前，线下的教学方式就是依据课本内容，形成一个知识框架，由教师将这个知识体系传授给学生。但是，在这个框架体系之外，也有许多可以促进学生发展，符合学生认知需要的知识。教师需要做的就是将这部分知识呈现给学生，并且能够引导他们进行更加深入的思考，从而拓宽学生的知识面，培养他们的思辨能力。换句话说，教师需要将线上资源纳入原本的

---

① 黄秀玲. 资源整合：基于学习者需求的教学内容重构[J]. 教育理论与实践，2018，38（22）：61-64.

课程框架中去，使线上线下的资源相互建构，形成一个全新的、更符合学生需要的知识框架。

（二）整合校企合作共建教学资源

"人字梯型"教学模式的合作性基础是学校和企业互为支撑，以产教融合理念为指导，建设校企合作平台，学校主要承担理论教学，企业承担实训教学。双方通过合作实现共赢。因此，需要整合校企双方的资源，使教学更加便利和有效。

1. 人力资源

人力资源主要是指在教学过程中的师资力量。由于职业教育中学生的培养目标是高素质的专业人才，直接对接岗位需求，所以他们不仅要懂得专业的理论知识，更要有高水平的实操技能。然而，在职业院校中，既懂得教育理论知识，又懂得企业实践技能的高水平的实践指导教师数量明显不能满足学生的需求。在职业教育"人字梯型"教学模式下，实行校企合作，教师和企业师傅共同指导学生，教师拥有丰富的教育理论知识，企业师傅拥有精湛的实操技能，两者在合作育人的过程中取长补短，互相交流经验，也可以提升双方的教学与实践技能。对于人力资源的共建共享，职业院校可以采取"引进来"和"走出去"的政策。"引进来"即引进那些经验丰富的企业师傅来学校为学生做指导，同时对教师展开培训；"走出去"即利用假期时间，派遣教师去企业一线参与企业的生产过程，提高教师的技能。

2. 硬件资源

硬件资源主要是指教学的设备和场地等。职业院校的硬件资源主要包括实验室、教室、各种仪器设备和丰富的图书资源，企业的硬件资源主要是较大的实训场地和各种大型机器设备。职业教育"人字梯型"教学模式下倡导校企共建共享硬件资源，双方通过共建共享加强合作，同时也能使资源得到有效利用。目前，校企在硬件资源上的共建共享主要是企业单方面地向职业院校开放，在合作的范围上还存在局限。因此，学校和企业在硬件资源方面要扩大合作，职业院校要积极主动与企业沟通，以多种方式扩大资源共建共享范围。同时，学校的一些硬件资源，如果企业有需要，也可以通过相关途径对企业开放。学校和企业还可以合作共建大型的实训基地，既可以满足企业生产的需求，又可以让学生近距离参与生产过程。总之，学校和企业之间要建立起更为牢固的合作关系，促进教学资源的共建共享。

3. 制度资源

制度资源主要是指在校企合作共建教学资源的过程中，校企双方需形成共同的规章制度。在校企合作中，会涉及学校和企业两个主体之间的利益，不同的主体有不同的利益诉求，因此，为保证校企合作关系的和谐、规范与稳定，规范与完善的管理制度必不可少。[①]校企合作共同制定规章制度，主要包括以下 3 个方面。一是规范与保障双方合作共享利益的制度，这类制度主要是为了明确校企双方需要承担的责任和义务，所享有的基本权利等；二是监控与督导双方合作共享行为的制度，这类制度主要是为了监督校企双方在合作共建资源中的行为规范，是否按照相关标准履行了自己的义务；三是考核与评价双方合作共享效果的制度，这类制度主要是为了评估双方在合作共建资源方面取得的成果和在这个过程中遇到的问题，从而有针对性地去修正。

4. 信息资源

当前，信息化发展迅速，很多职业院校和企业之间都实现了信息资源的共建共享，如建立校企合作互联网平台。在这类平台上，不同类型的职业院校和企业之间向平台发布与实践相关的教学资源，这样就形成了一个"信息共同体"。各个职业院校之间，各个企业之间，职业院校与企业之间，都能够获得最新的信息资源，扩大了获得资源的途径。彼此之间相互借鉴，使自己的教学活动能够得到最大限度的完善，提高教学效果。因此，

---

① 刘娟，丰云. 校企协同建设实践教学资源的共享策略研究[J]. 中国职业技术教育，2020（8）：76-80.

要大力建设网络平台,及时发布信息,实现校企之间的信息共享和资源共建,扩大校企合作。

5. 文化资源

文化资源指的是由于校企双方代表的是不同的利益共同体,因此,在校企双方的利益导向下所产生的价值观念、思想理念上存在不同。校园文化偏重理论性,向学生所传递的是一种思想意识方面的教育;企业文化更偏向实践性,主要是在实际过程中该如何践行在学校中学到的思想意识方面的教育。所以要推动校园文化和企业文化相融合,在进行教学内容设计时,要充分借鉴企业的意见,根据当前市场对人才的需求确立发展目标,进而进行教学内容的教授,注重培养学生的团队意识、敬业精神等。注重课程思政,以优秀的企业文化引领学生的思想,使学生不仅能够胜任企业的岗位需求,还能够拥有良好的职业道德,从而将所学内容与就业衔接起来。

(三)教学资源的模块化构建

"人字梯型"教学模式是一种相对灵活的教学模式,需要不断根据实际情况调整教学计划和教学内容,而在传统的教学体系下很难实现教学内容的随意调整。因此,要通过教学资源的模块化构建以实现教学资源的自由组合,满足师生的实际需要。

英国学者麦克·扬认为,模块就是指灵活地把课程分成多个小的有自己的起点和终点的学习单元,这些单元可以用不同的方式结合在一起。模块的组合可以完成更大的任务,或取得更为长期的目标。[1]钟启泉教授则将模块课程中的"模块"界定为"基于明确的教学目标,围绕某一特定内容,整合学生经验和相关内容,所构成的相对完整的学习单元"。[2]教学资源的模块化构建是将教学资源分成一个个模块,每个模块之间可以自由

---

[1] 麦克·扬. 未来的课程[M]. 谢维,王晓阳,等,译. 上海:华东师范大学出版社,2003.
[2] 钟启泉. 普通高中新课程方案导读 [M]. 上海:华东师范大学出版社,2003.

组合，从而更好地满足教师和学生的需要。这种模块化打乱了原有的教学资源体系，但并不是随意划分成独立的部分，它要求每个模块能够自成体系，而且在一定范围内，模块与模块之间要有关联性。

教学资源模块化构建有多方面的优势。首先，教学资源模块化构建有利于职业教育"人字梯型"教学模式下校企共同育人理念的落实。前面我们提到，学校和企业是两个不同的利益主体，他们在培养人才方面会存在分歧，而人才培养的关键就是教学内容。教学资源模块化就可以很好地解决这方面的冲突，校企双方将自己的教学内容进行"模块化"处理，对这些内容进行再筛选和重组，根据学生的实际需要，选择校企双方达成一致的教学内容，实现校企的高效合作，最终就能将协同育人的理念落到实处。① 其次，教学资源模块化有利于实现课程内容的动态更新。职业教育中传统的课程体系是很难改变的，但是在信息技术日益发展的今天，仅仅依靠传统课程内容的学习已经远远不够，学生需要接触到更宽广的知识面。教学资源模块化可以打破传统的课程内容体系，将学生所需要的新知识增添进课程中，形成一个新的课程体系。这样不仅能使学生的知识量得到扩展，也能让学生更好地把所学知识融入实践中去。最后，教学资源模块化有利于学生的未来发展。职业教育"人字梯型"教学模式旨在促进学生的可持续发展，激发学生的"内生力"，使学生能够适应社会的各种挑战。通过教学资源模块化，学生可以基于自己的兴趣选择所需要的模块，加强基础知识的学习，以便于与未来的职业对接，实现学生职业的多样化发展，充分照顾到学生自我发展的需要。

如何进行教学资源模块化构建也是一个需要特别考虑的问题。一般来说，设计教学资源模块包括3个方面：一是要整体规划宏观模块，它是整个教学资源的框架；二是要统筹构建中观模块，中观模块就是在基于宏观模块的框架下，对学生需求进行具体分析，再细分成若干个能力要素；三是要精心设计微观模块，在微观模块层面，要根据能力要素，对模块内容

---

① 舒伟. 职业教育现代学徒制"模块化"课程体系研究[J]. 教育与职业，2018（9）：101-105.

进行具体设计。①另外，模块和模块之间还要形成一个衔接，由于每个模块之间要形成一定的关联性，所以模块之间要选择合适的衔接模式，使学生把在课堂上学习到的内容与工作中所需要的内容联系起来，更好地培养学生的职业能力。总之，教学资源的模块化构建是一个复杂的工程，需要学校、企业甚至地方政府共同努力，不断挖掘优质资源，改革课程体系，构建更加自由、灵活、开放的模块化课程体系。

三、信息系统

职业教育"人字梯型"教学模式强调要实现信息技术和教育教学活动的深度融合，整合线上线下的资源。这就需要构建信息系统，不断整合信息和资源，为顺利开展教学活动服务。

（一）"以用户为中心"促进信息系统的个性化

"以用户为中心"是指信息系统所提供的内容要满足师生的需要，职业教育"人字梯型"教学模式最终服务的对象就是教学过程中的教师和学生，所以信息系统一定要对接用户的需求，满足师生的各种需要。职业教育信息化建设的出发点即源于此，通过转变学习维度，提升学习者各方面能力，以达到精准服务的目的。②"以用户为中心"要满足学习者的个性化需求、主体性需求、时空性需求和成长性需求。

首先，信息系统要服务于学习者的个性化需求。职业教育"人字梯型"教学模式坚持"以学习者为中心"，为学生提供个性化的指导，满足不同学习者的不同需求。在"互联网+"背景下，在线信息系统将学习者需求放在中心位置，将信息资源融入专业课程，提高为学习者服务的效果，促进学生职业能力的提升。

其次，信息系统要满足学习者的主体性需求。对于不同的学习者来说，

---

① 余国江. 课程模块化：地方本科院校课程转型的路径探索[J]. 中国高教研究，2014（11）：99-102.
② 燕艳，李潘坡，雷前虎. 职业教育信息化精准服务的逻辑要义、价值取向与模型架构[J]. 教育与职业，2019（13）：36-41.

第五章 "人字梯型"教学模式的支撑条件

他们的学习需求和学习能力都是不同的。面对这种情况，信息系统要能够精准分析不同学习者的学习需求，并根据他们的实际水平为他们制订合适的学习计划和学习内容，从而提高学习者的学习效果和生成性学习能力。

再次，信息系统要满足学习者的时空性需求。信息化快速发展的今天，人们的生活节奏也在加快，因此，人们在学习的时间和空间上就没那么灵活，存在着一定的局限性。信息系统要能够突破时空的局限性，让学习者随时随地可学。

最后，信息系统要满足学习者的成长性需求。不同的学习者随着自己阅历、经验的提升，对学习会产生不同的成长性需求，如能力的进一步提升或者是自我实现的需要。因此，信息系统要关注学习者的成长性需求，促进各类资源的整合，使学习者随时随地能够学习实用性的知识和技能，从而调动学习者的学习积极性，为学习者终身学习服务。

（二）以标准建设促进信息系统的资源共享

职业教育"人字梯型"教学模式的信息系统需要具备信息共享功能。为了提高信息共享的效率，必须要实现各类信息的标准化。信息系统的标准化建设应遵循已颁布的国际标准、国家标准和行业标准，要符合和满足职业教育自身的具体情况与需求，根据实际情况建设开放式的标准化信息系统。[1]其主要包括信息加工的标准化，资源管理的标准化，数据形式的标准化和共享平台的兼容化。

首先，信息加工的标准化是指在信息系统存在许多方面的信息，这些信息不是直接提取出来的，而是需要一定程度的整合加工才能够呈现给学习者，在加工的过程中要遵循一定的标准，不能随意扭曲其真实性。信息加工的标准化有利于学习者获得的信息更为规范，能提高学习者的学习效果和学习质量。因此，要建立一系列的信息加工标准化体系，为信息加工提供依据。

其次，资源管理的标准化是指在信息系统中，要建立一个标准化的数

---

[1] 陈玉峰. 高等职业教育数字化教学资源交流平台建设的探讨[J]. 教育与职业，2010（20）：173-174.

179

据库去管理方方面面的资源。信息系统中的资源涉及许多方面，要对它们进行标准化分类管理，这样用户在检索的时候才能快速有效地找到需要的信息。资源管理的标准化有利于提高学习者的学习效率。因此，要通过资源管理的标准化建设为信息检索提供支撑服务。

再次，数据形式的标准化是指在信息系统中存在的数据要按照一定的标准进行排列组合。数据资源是共享的，数据形式的标准化不仅能提高各个职业院校和企业的工作效率，也能促进资源管理的标准化。因此，要建立数据形式的标准化为资源管理提供基础。

最后，共享平台的兼容化是指在信息系统中，最终的目的是促进信息共享，而信息资源的共享，前提是平台的建设。①要建立一个能兼容各方面信息资源的平台，需要各相关部门，职业院校积极参与，达成共识，以确立一个规范的符合标准的建设计划。共建平台的建设有利于优质资源的生成、共享、应用与发展。②

（三）以信息开放促进信息系统的公开透明

职业教育"人字梯型"教学模式强调校企合作，在校企合作的过程中，需要建立开放的信息系统以实现信息互通。目前，信息化快速发展，各个职业院校和企业之间都建立了属于自己的信息系统，在信息共享方面取得了一定成效。但是它们之间的联系还太少，缺乏一个统一的信息开放共享平台，形成了"信息孤岛"。对于学校来说，由于信息不透明不能准确了解市场导向，无法根据市场需求传授合适的知识给学生，无法培养企业真正需要的人才；对于企业来说，由于信息不透明他们无法了解学生的真实水平，在选用人才的时候没有参考和依据。学校和企业之间的信息不联通导致共享不全面和资源浪费。信息公开是合作的基础，校企合作共建共享实践教学资源，必须要有完善的信息平台，构建透明公开的利益整合机

---

① 衣春霞，饶志华.城乡统筹视角下职业教育信息资源共享研究[J].中国职业技术教育，2014（16）：94-96.
② 毕经美.区域性优质职业教育数字化资源共享的影响因素[J].中国远程教育，2014（10）：67-70.

制。①为此，需要学校和企业协商，充分整合学校和企业之间的信息，不论是学校的教学计划、教学大纲、学生学习效果等教学方面的信息，还是企业的规章制度、岗位信息、人才需求信息，甚至是政府的相关文件和政策，都应该通过这个信息平台呈现出来，做到公开、透明。

具体来说，首先，要健全校企之间合作信息公开通报制度，信息共享是合作的保障，要构建一个信息合作平台，让利益相关者可以实现信息共享，所有相关信息都可以通过这一平台共享、通报，为学校和企业提供准确全面的信息。②其次，要整合校企现有的各类信息资源，信息的类别和来源广泛，在信息公开的基础上，需要学校和企业共同进行整合、总结。最后，要不断完善信息系统建设与运行机制。随着信息系统的深入推进，信息化平台建设将会面临新的挑战，要研究、完善信息系统的建设和运行机制，适应新形势的发展。

---

① 张向超，丰云. 基于"利益均衡"的实践教学资源校企共享机制构建[J]. 中国职业技术教育，2017（2）：53-57.

② 张向超，丰云. 校企协同共建实践教学基地的"五位一体"合作策略[J]. 当代教育理论与实践，2017，9（12）：31-36.

附录 "人字梯型"教学实施主要参考模板

1. 教师发展目标参考模板

维度	内容			
	类别	性质	具体内容	
内容目标	知识点	合理		
		可淘汰		
		可增加		
	技能点	合理		
		可淘汰		
		可增加		

续表

维度	内容	
	类别	具体方法
方法目标	教学方法	
	学习方法	
	训练方法	
	组织方法	
	类别	题目
教研目标	论文点	
	案例点	
	课题点	

2. 任务书参考模板

任务名称		序号	
任务描述			
完成要求			

3. 评价表参考模板

任务名称：　　　　　　　　　　　　　完成人（小组）：

任务名称			完成人（小组）		
评价要素		要求	完成情况摘要	标准分	实得分
知识点					
技能点					
素养点					
其他					
合计					

4. 教学计划参考模板

_____年　_____期　_____学科　培养形式_____

周次	章节	教学内容	知识、技能、素养点	完成情况摘要	反思与计划

5. 教学设计（教案）参考模板

授课题目		课程名称	
授课对象		授课课时	
教学分析			
内容分析			
学情分析	知识与技能		
	认知与能力		
	学习特点		
目标	学生目标	知识	
		能力	
		素质	
	教师目标	内容	
		方法	
		教研	
教学内容			
教学重点			
教学难点			

续表

教学策略		
教学设计流程		
教学方法	教法	
	学法	
教学手段与资源		
教学实施		

教学阶梯		教学内容	教师活动	学生活动	设计意图
课前	第一阶 教学准备				
课中	第二阶 任务发布				
	第三阶 分组进阶				

续表

课中	第三阶	分组进阶			
	第四阶	集中展示			

续表

	第五阶	集中评价				
课后	第六阶	拓展延伸				

教学评价

教学板书

教学反思	
目标达成情况	
亮点与特色	
问题与改进	

参考文献

[1] 顾明远. 教育大辞典：增订合编本[M]. 上海：上海教育出版社. 1998.

[2] 《青年教师岗前培训资料》编写组. 教育心理学[M]. 西安：西北大学出版社，2010.

[3] 李秉德. 教学论[M]. 北京：人民教育出版社，1991.

[4] JOYCE B，WEIL M，CALHOUN E. Modelos de enseñanza[M]. Barcelona：Gedisa，2002.

[5] 朱志平. "互惠学习"论[J]. 全球教育展望，2006（12）.

[6] 冯珊珊. 虚拟仿真实训平台在实践教学的应用[J]. 电子技术与软件工程，2016（11）.

[7] 李玉静，岳金凤，房巍，等. 夯实现代职业教育的发展基础——改革开放以来中职教育发展历程、贡献与展望[J]. 职业技术教育，2018，39（12）.

[8] 张文龙，谢颖. 新中国成立70年中职改革发展回顾与展望——基于中职相关政策梳理的视角[J]. 教育科学论坛，2019（36）.

[9] 刘晶晶，和震. 现代职业教育体系建设的中国方案[N]. 中国教育报，2019-10-22（10-11）.

[10] 宋晓欣，闫志利，杨帆. 中职教育人才培养目标的历史演变与现实定位[J]. 教育与职业，2015（33）.

[11] 孙琳，徐桂庭. 我国中等职业教育教学改革发展的脉络与变迁——基于教学政策文件的分析[J]. 职教论坛，2015（3）.

[12] 吕一中，等. 我国职业教育办学体系及管理体制研究[M]. 北京：中国经济出版社，2014.

[13] 伍红军. 职业本科是什么?概念辨正与内涵阐释[J]. 职教论坛，2021，37（2）.

[14] TOUGH A. The association obtained by adult self-teachers [J]. AdultEducation，1966（17）.

[15] KNOWLES M. Self-directed learning：a，guide for learner sand teachers[M]. Toronto：The Adult Education Company，1975.

[16] GIBBONS M BAILEY，A COMEAU P. Towarda theory of self-directed learning：a study of experts without formal training[J]. Journal of Humanistic Psychology，1980（2）.

[17] 董守文,张华,李雁冰.成人学习学[M].东营：石油大学出版社,1994.
[18] 高志敏.成人教育学科体系论[M].上海：上海教育出版社,2017.
[19] KNOWLES M. Training asanart form[J]. Training and Development Journal,1980,34（3）．
[20] 程豪."沪漂老人"自我导向学习促进生活适应研究[D].武汉：华东师范大学,2019.
[21] 路宝利,张之晔,吴遵民.构建服务全民终身学习教育体系的本质思考——基于"自我导向学习"的视角[J].中国远程教育,2021（8）．
[22] 马克思.马克思恩格斯全集[M].中共中央马克思恩格斯列宁斯大林著作编译局,译.北京：人民出版社,1972.
[23] 叶澜.教育学原理[M].北京：人民教育出版社,2007.
[24] 陈俊.社会认知理论的研究进展[J].社会心理科学,2007（22）．
[25] 王桂花,李国彦,张瑜.基于命运共同体的职业本科教育范式构建与实施[J].职教论坛,2021,37（4）．
[26] 徐国庆.实践导向职业教育课程研究：技术学范式[M].上海：上海教育出版社,2005.
[27] 鲁洁,等.教育学[M].北京：人民教育出版社,2005.
[28] 秦侠,杨金侠,杨善发,等.构建"以学生为中心"教学模式支持系统的思考[J].中国高等医学教育,2006（12）．
[29] 李琼,杨格丹,李敏辉."以学生为中心"的融合交互教学模式研究——以清华大学深圳国际研究生院为例[J].现代教育技术,2021,31（10）．
[30] 吴南中.场域变迁与高职教务变革[J].中国职业技术教育,2015(29)．
[31] 曲宏歌,姜淑兰.思政课三位一体教学模式的探索[J].学校党建与思想教育,2021（16）．
[32] 姜大源.职业教育研究新论[M].北京：教育科学出版社,2007.
[33] 习凌冰.现代学徒制背景下高等职业教育教学模式研究[D].重庆：西南大学,2017.
[34] 谢瑶,顾琴轩.技能多样性对员工创造力及工作绩效的影响研究——心理所有权与工作反馈视角[J].科学学与科学技术管理,2015,36(4)．
[35] 刘玉萍,吴南中.职业教育生态化治理：价值内蕴与路径选择[J].教育学术月刊,2019（7）．
[36] 吴南中.基于学分银行的1+X证书成果学分转换：价值意蕴与推进路径[J].成人教育,2021,41（10）．

[37] 李宁. 高等职业教育供给侧改革经济效应研究[J]. 黑龙江高教研究，2021，39（8）.

[38] 曹雄彬. 高职院校实践教学模式研究[J]. 教育与职业，2015（29）.

[39] 王少妮. 高职"自主 互助 合作 高效"课堂教学模式研究[J]. 中国成人教育，2015（18）.

[40] 吴晓，沈亚强. 基于课程性质的职业教育项目式教材设计[J]. 中国职业技术教育，2014（5）.

[41] 刘炜杰. 1+X 证书制度下职业教育的课程改革研究[J]. 职教论坛，2019（7）.

[42] 陈玉阁. 高职教育课程内容的选择与序化[J]. 教育与职业，2009（14）.

[43] 陈宏艳，徐国庆. 基于核心素养的职业教育课程与教学变革探析[J]. 职教论坛，2018（3）.

[44] 谯欣怡，韦妙. 我国职业教育供给模式探析——基于交易费用和学生需求的测度[J]. 职教论坛，2020（2）.

[45] 赵浩华. 国外高等职业教育应用型人才培养启示——基于能力本位视角[J]. 成人教育，2018，38（6）.

[46] 张健. 职业教育课程改革遵从逻辑及践行策略[J]. 职教论坛，2021，37（5）.

[47] 张健，陈清. 职业教育课程结构化的反思与模式创新[J]. 中国职业技术教育，2020（2）.

[48] 康玉忠，曾文权，余爱民. 高职"异步教学组织形式"的研究与实践[J]. 教育与职业，2019（9）.

[49] 王璐，徐国庆. 从工作过程到知识导向：职业教育教学设计的新发展[J]. 职教论坛，2020，36（11）.

[50] 窦红平，邵一江，李本友. 产教融合背景下高等职业教育应用型课程建设[J]. 教育与职业，2019（15）.

[51] 邓泽民. 职业教育教学设计[M]. 北京：中国铁道出版社，2016.

[52] 杨彩卿，霍新怀. 以培养学生职业能力为中心的实践教学目标体系的构建[J]. 教育与职业，2012（18）.

[53] 伍远岳，余乐. 论课程的社会育人功能及其条件[J]. 教育科学研究，2021（11）.

[54] 蒋贵琴，何培芬. 1+X 证书制度下高职课程混合式教学模式设计与实践[J]. 职教论坛，2021，37（4）.

[55] 沈爱凤，韩学芹. 职业教育中"任务驱动式"教学模式的探讨与应用

[J]. 职教论坛, 2016（2）.

[56] 白滨. 工作场所学习的理论基础研究[J]. 职教论坛, 2016（18）.

[57] 北京教科院教学研究中心职业教育课堂教学评价研制小组. 课堂教学评价体系的研究与实验[J]. 课程·教材·教法, 2003（2）.

[58] 贺彩玲. 澳大利亚 TAFE 教育中的教学特点分析与借鉴[J]. 成人教育, 2011, 31（9）.

[59] 王清强, 吴锦. 他者性视域下高职院校有效课堂教学路径探究[J]. 职教论坛, 2021, 37（10）.

[60] 刘洪宇. 现代互联网条件下高等职业教育教学方式探索[J]. 求索, 2016（1）.

[61] 魏俊领. 高职院校教学质量评价实施现状与应对策略[J]. 职业技术教育, 2014, 35（23）.

[62] 王成福, 邵建东, 陈海荣, 等. 高职教师专业实践能力的内涵及培养对策[J]. 高等工程教育研究, 2015（3）.

[63] 任聪敏, 倪勇. 澳大利亚职教教师教育历史演变及启示[J]. 高等工程教育研究, 2017（2）.

[64] 刘源, 门保全. 核心能力视角下高职院校"双师型"教师培养路径研究——基于"圆锥式六维一体"能力模型[J]. 职教论坛, 2021, 37（7）.

[65] 徐芳, 陶宇. 欧美职教"双师型"教师培养的成效、经验及启示[J]. 教育与职业, 2021（9）.

[66] 叶雷锋. 高职教师信息化教学能力一体化发展模式探索[J]. 职教论坛, 2021, 37（3）.

[67] 周金容. 智慧教育时代高职教师信息化教学能力提升研究[J]. 教育与职业, 2021（3）.

[68] 马宽斌, 黄丽丽. 职业院校教师信息化教学能力的提升：内涵、问题与策略[J]. 职教论坛, 2021, 37（9）.

[69] 王军, 杨洋. "双高"建设视角下高职教师专业发展的逻辑、问题与路径[J]. 教育与职业, 2021（14）.

[70] 王丽珍. 教师专业发展能力模型建构[J]. 教育理论与实践, 2013, 33（22）.

[71] 黄秀玲. 资源整合：基于学习者需求的教学内容重构[J]. 教育理论与实践, 2018, 38（22）.

[72] 刘娟, 丰云. 校企协同建设实践教学资源的共享策略研究[J]. 中国职

业技术教育，2020（8）.

[73] 麦克·扬. 未来的课程[M]. 谢维，王晓阳，等，译. 上海：华东师范大学出版社，2003.

[74] 钟启泉. 普通高中新课程方案导读[M]. 上海：华东师范大学出版社，2003.

[75] 舒伟. 职业教育现代学徒制"模块化"课程体系研究[J]. 教育与职业，2018（9）.

[76] 余国江. 课程模块化：地方本科院校课程转型的路径探索[J]. 中国高教研究，2014（11）.

[77] 燕艳，李潘坡，雷前虎. 职业教育信息化精准服务的逻辑要义、价值取向与模型架构[J]. 教育与职业，2019（13）.

[78] 陈玉峰. 高等职业教育数字化教学资源交流平台建设的探讨[J]. 教育与职业，2010（20）.

[79] 衣春霞，饶志华. 城乡统筹视角下职业教育信息资源共享研究[J]. 中国职业技术教育，2014（16）.

[80] 毕经美. 区域性优质职业教育数字化资源共享的影响因素[J]. 中国远程教育，2014（10）.

[81] 张向超，丰云. 基于"利益均衡"的实践教学资源校企共享机制构建[J]. 中国职业技术教育，2017（2）.

[82] 张向超，丰云. 校企协同共建实践教学基地的"五位一体"合作策略[J]. 当代教育理论与实践，2017，9（12）.

[83] 鄢彩玲，李鹏. 德国"学习工厂"的经验与启示——兼论如何打通产教融合的"最后一公里"[J]. 国家教育行政学院学报，2020（10）.